CONTRAATACA

PASANDO DE LA LIBERACIÓN AL DOMINIO

VLADIMIR SAVCHUK

Originally published in USA under the title
Fight Back: Moving from Deliverance to Dominion

Copyright © 2020 Vladimir Savchuk
Todos los derechos reservados.

A menos que se indique lo contrario, todas las citas de
las Escrituras son de la Nueva Versión Internacional de
la Biblia.

ISBN: 978-1-951201-33-3 (paperback)
ISBN: 978-1-951201-32-6 (ebook)

DEDICACIÓN
A todos los soldados en la batalla espiritual.

Tabla de Contenido

Prólogo

Doy gracias a Dios por el Pastor Vladimir Savchuk, por tener el corazón y el valor de exponer al enemigo a través de este poderoso libro titulado *Contraataca*.

Estas páginas contienen grandes verdades acerca de cómo ser victorioso y vencedor. *Contraataca* es un libro asombroso que ayudará a mucha gente a entender las artimañas y los planes del enemigo. También liberará a muchas personas del miedo y de muchos otros ataques para vivir una vida victoriosa.

Una de las cosas que más me han llamado la atención ha sido esta asombrosa declaración: "El cautiverio te convierte en un esclavo; la batalla te convierte en un soldado". Es hora de ser un soldado de Cristo, y este libro será una buena herramienta para agregar a tu colección de guerra espiritual.

Evangelista John Ramírez,

Autor de *Fuera del Caldero del Diablo, Desenmascarando al Diablo y Armados y Peligrosos*.

La Liberación no es la Meta

Desde que tengo memoria, siempre me ha dado miedo la oscuridad. Como era el hijo mayor de mi familia, fui el primero en tener mi propio dormitorio. Recuerdo que me daba miedo cuando se apagaban las luces. Incluso cuando era pastor de jóvenes y tenía que cerrar la iglesia por la noche, corría desde la puerta hasta mi coche con el corazón latiendo a toda velocidad. Revisaba el asiento trasero para asegurarme de que Jack el destripador, no estaba allí sentado, esperando para matarme.

Después de casarnos, mi esposa y yo nos mudamos a un apartamento. Como cualquier apartamento normal, no había luz de techo en la sala de estar. Un sábado por la noche, mientras cenábamos en la cocina, comencé a sentir que algo no estaba bien en la sala. De hecho, pensé haber visto un ser espiritual parpadeando rápidamente en la oscuridad, y se me pusieron los pelos de punta. Cuando dejé de mirar hacia la sala para ver a mi esposa, le apreté la mano con mucha fuerza. Lana notó que algo no andaba bien. Entonces me preguntó si todo estaba bien. Por supuesto, no iba a admitir que la oscuridad me acababa de asustar.

Cuando terminamos de cenar, Lana apagó la luz de la cocina y fuimos a la oficina donde ella pintaría y yo terminaría los últimos retoques de mi sermón. ¿Adivina de qué se trataba mi sermón? ¡La victoria sobre el diablo! Estaba preparando un sermón sobre la victoria pese a que tenía miedo a la oscuridad. Este miedo a la oscuridad había estado presente en mi vida desde que tengo memoria. Incluso le pedí a Dios que me lo quitara, pero siempre me parecía que Dios quería que me resistiera al miedo.

De repente, mi esposa me preguntó si podía ir a la cocina a traerle un vaso de agua. Ten en cuenta que esto significaba que tendría que ir por el pasillo, atravesar la sala y luego entrar a la cocina con todas las luces apagadas. Quizás esto puede sonar chistoso para algunos, pero yo estaba muerto de miedo. Sentía que había algo espeluznante en la sala y que me mataría si entraba allí. Traté de convencer a mi esposa de que se trajera su propio vaso de agua, pero insistió en que no podía porque estaba pintando; que fuera yo a traerle agua.

Decidí que como no había forma de decirle a Lana que tenía miedo en mi propio apartamento, iría a la cocina por su vaso de agua, aunque tuviera que morir en la sala. Mi plan era sencillo. Correría lo más rápido posible hasta alcanzar y encender la luz de la cocina, tomaría el agua y dejaría las luces encendidas. Más tarde ella las apagaría antes de irnos a dormir. Estaba a punto de salir de la habitación y correr hacia el botón para encender la luz cuando oí al Espíritu Santo decir: "No enciendas la luz; tú eres la luz". Sentí que le habló en voz alta a mi corazón que latía fuertemente: "No voy a quitarte el miedo a la oscuridad porque te he dado a ti el poder para resistirlo". Sin embargo, en mi mente yo pensaba: "Eso es fácil de decir para Ti, Dios, pero aquí estoy paralizado de miedo y voy a morir". Entonces decidí que ya basta. Había llegado la hora de enfrentarme a lo que había estado huyendo toda mi vida. Con el corazón latiéndome velozmente, entré a la sala. Sin encender la luz, me situé en el centro de la sala y esto es lo que salió de mi boca: "Oscuridad o sea lo que seas, ya no tienes derecho a estar en esta casa. Yo pago las cuentas aquí, ¡así que lárgate ya!". La fe se liberó en mi espíritu. Inmediatamente, el miedo se fue y el demonio que se ocultaba detrás de ese miedo interminable desapareció para siempre. Nunca he vuelto a tener ese tipo de miedo. El miedo a la oscuridad se ha convertido en una cosa del pasado.

Oré para ser liberado del miedo, pero Dios tenía otro plan. Él quería que yo ejerciera el dominio que ya tenía en Jesús sobre el miedo. Yo quería ser liberado del miedo; Dios quería que luchara contra el miedo. Yo quería que Dios lo removiera; Dios quería que yo lo resistiera.

Ahora puedo ver que se está produciendo un cambio en el cuerpo de Cristo, donde el Espíritu Santo está empoderando diariamente a creyentes para que ejerzan la autoridad que les pertenece a través de Jesucristo. *"Exalten a Dios con sus gargantas, Y espadas de dos filos en sus manos, Para ejecutar venganza entre las naciones, Y castigo entre los pueblos; Para aprisionar a sus reyes con grillos, Y a sus nobles con cadenas de hierro; Para ejecutar en ellos el juicio decretado; Gloria será esto para todos sus santos. Aleluya"* (Salmo 149:6-9 RVR1960).

Dios quiere que tengamos alabanzas en nuestra boca y Su espada en nuestras manos. La guerra espiritual no funciona si nuestra boca está llena de quejas y admite derrota. Nuestra boca habla y/o revela lo que yace en nuestro corazón. Fuimos creados para adorar, y ahora estamos llamados a participar en la guerra. La guerra y la adoración van juntas. La exaltación a Dios debe salir de nuestra boca y nuestras manos deben sujetar con firmeza la espada de doble filo que no es otra cosa que la Palabra de nuestro Dios (Hebreos 4:12). La espada del Espíritu es para atar y ejecutar el castigo sobre el enemigo. Estamos acostumbrados a ser solamente liberados de la esclavitud. En su lugar, ahora Dios está preparando una generación valiente para esclavizar al enemigo, para vencer al reino de las tinieblas a través de la autoridad en el nombre de Jesús.

Como dijo Jesús: *"¿O cómo puede entrar alguien en la casa de un hombre fuerte y arrebatarle sus bienes, a menos que primero lo ate? Solo entonces podrá robar su casa"* (Mateo 12:29); los papeles se han invertido. El adversario solía atarnos; pero ahora podemos atarlo mediante la victoria de Jesús el Todopoderoso.

Esto es más que simplemente ser liberado del enemigo; esto es ser empoderado para luchar exitosamente contra el enemigo. Me encanta esta parte: *"Gloria será esto para todos sus santos".* La victoria, el dominio y un espíritu luchador son un honor. Este honor de tomar el dominio, de pisotear las fuerzas de las tinieblas, de atar al enemigo, ha sido dado a todos sus santos. Este honor pertenece a todos los hijos de Dios. La victoria no es solo para unos pocos, sino para todos. La autoridad sobre el enemigo pertenece a todos los creyentes. *"Todo lo que atéis en la tierra quedará atado"* (Mateo 18:18).

Dios está construyendo una iglesia dinámica que no tolerará los tormentos del diablo, sino que atormentará a sus demonios. Ha llegado el momento de que los demonios griten como lo hicieron en los días de Jesús: *"¿Has venido a atormentarnos antes de tiempo?"* (Mateo 8:29). Estoy seguro de que conoces a algunas personas que están siendo atormentadas por los demonios, que están esclavizadas y necesitan desesperadamente ser liberadas. Pero, ¿sabías que tú eres el encargado y el que esta siendo llamado a atar al enemigo, a atormentar a los demonios como lo hizo Jesús? Has sido llamado no solamente para recibir liberación, sino para caminar en el dominio. No te limites a esperar a que Dios expulse a todos los enemigos, sino que camina con el poder del Espíritu Santo para resistir activamente lo que Él aún no ha eliminado.

El primer libro que escribí, *Sé Libre,* se centra en cómo liberarse y mantenerse libre del poder de Satanás. La mayor parte del libro destaca la realidad del reino espiritual y la clave para obtener la libertad a través de Jesús. *Sé Libre* ha sido traducido a varios idiomas y he recibido muchos testimonios asombrosos desde todas partes del mundo de sanación, libertad y salvación.

En este libro, quiero seguir construyendo sobre esa base de liberación e ir un paso más allá, mostrando que el objetivo final de Dios no es únicamente la liberación, sino el dominio. Como pastor, dirijo la iglesia Hungry Generation, donde oramos por sanidad y liberación todas las semanas. Una vez al año, organizamos una conferencia internacional llamada Raised to Deliver, en la que personas de todo el mundo vienen a recibir el toque de Jesucristo. En cierto modo, mi corazón se entristece por las personas que son liberadas y no aprenden a caminar en la victoria, y al poco tiempo vuelven a buscar la liberación. Constantemente sienten que hay algo más que necesita ser expulsado. No quiero menospreciar la necesidad de una liberación total y completa; quiero resaltar la importancia de caminar en la victoria como la única forma en que la gente puede obtener su liberación completa.

Existe el peligro de no avanzar hacia el dominio absoluto después de recibir la liberación. Esto puede provocar que busquemos la liberación una y otra vez. Comenzamos a ir de liberación en liberación, en lugar de liberación a dominio. Los Estados Unidos de América, el país donde resido actualmente, tiene un gran problema con el cautiverio. Tenemos alrededor del 5% de la población mundial y aproximadamente el 25% de los presos encarcelados del mundo.[1] Tener tantos presos en la cárcel es un problema gigantesco, pero que los presos regresen a la misma cárcel es una crisis aún mayor en los Estados Unidos. Un estudio de la Oficina de Estadísticas de Justicia llamado "Reincidencia de presos liberados en 30 estados en 2005: patrones de 2005 a 2010" encontró que el 76% de los presos liberados de las prisiones estatales fueron arrestados nuevamente dentro de los cinco años posteriores a su liberación.[2] Este estudio siguió a 69,279 presos durante cinco años y encontró que la mayoría de ellos fueron arrestados nuevamente dentro de sus primeros años de libertad. Cuando solía predicar en la cárcel, los guardias de seguridad me decían que la mayoría de los hombres no estaban allí por primera vez. Y para muchos de ellos, tampoco sería la última vez que serían encarcelados.

En lugar de pasar de liberación en liberación, Dios quiere que nos movamos de la liberación al dominio. Tomemos a Israel por ejemplo. Dios no planeó que siguieran regresando a Egipto para obtener más liberación después de que las cosas se pusieran difíciles en el desierto. En cambio, guiados por la nube de día y por el fuego en la noche, Dios

---

1   Lee, Michelle. "¿Estados Unidos realmente tiene el 5 por ciento de la población mundial y una cuarta parte de los presos del mundo?" The Washington Post, WP Company, 30 de abril de 2015, 7:00 am,www.washingtonpost.com/news/fact-checker/wp/2015/04/30/does-the-united-states-really-have-five-percent-of-worlds-population-and-un-cuarto-de- los-mundos-prisioneros/.

2   Durose, Matthew R., et al. "Reincidencia de presos liberados en 30 estados en 2005: Patrones de 2005 a 2010 - Actualización". Oficina de Estadísticas de Justicia (BJS), 22 de abril de 2014,www.bjs.gov/index.cfm?ty=pbdetail&iid=4986%2B.

esperaba que avanzaran para convertirse en soldados valientes. Dios no solo estaba sacando esclavos de la tierra de la servidumbre, sino que los estaba guiando a conquistar la tierra prometida. Israel quiso regresar a Egipto muchas veces. Hablaron de ello, se quejaron e incluso amenazaron a Dios y a Moisés al respecto. A veces, la vida en cautiverio parecía mejor que la vida de libertad en el desierto. No entendieron que aunque la libertad es gratis, aprender a caminar en victoria requiere tiempo, esfuerzo, adaptación y entrenamiento.

El plan de Dios de sacar a Israel de Egipto no era el objetivo final. Fue un medio para llegar a la meta. El objetivo era que ellos tomaran posesión de la tierra prometida; Dios no les entregaría la tierra así nomás. En Egipto recibieron la liberación haciendo muy poco, pero en la tierra prometida tendrían que luchar para tomar posesión de ella y mantener lo prometido. De hecho, los hijos de Israel solamente poseían aquello por lo que luchaban, no lo que deseaban y anhelaban. Lo que era cierto para ellos, también lo es para nosotros hoy en día. Dios nos libra del cruel faraón, pero espera que conquistemos a los malvados filisteos. La tierra prometida era diferente a Egipto. Los israelitas fueron liberados de Egipto, pero la tierra prometida requería tomar dominio. Eso es lo que hizo Israel y eso es lo que debemos aprender a hacer también.

Las batallas no son lo mismo que el cautiverio. Participar en la batalla es un privilegio designado a las personas libres. El cautiverio es malo; la batalla es buena. El cautiverio te convierte en un esclavo; las batallas te convierten en soldado. Es necesario renovar la mente para reconocer que luchar una batalla desde un lugar de victoria es bueno. De hecho, es una clave para la victoria.

Cuando eres salvo y liberado, las batallas no se terminan. De hecho, de alguna manera, solamente comienzan. En la liberación, Dios obra por ti, pero en el dominio, Él obra a través de ti. El rey David sabía esto acerca de su Dios: "Bendito sea el Señor, mi Roca, que adiestra mis manos para la guerra, mis dedos para la batalla" (Salmo 144:1). Dios no te libra de las batallas, pero te entrena para ellas. Gracias a la cruz, no luchamos por la victoria; luchamos de victoria en victoria. Sea que nos guste o no, debemos luchar. Israel finalmente llegó a la tierra prometida, pero todavía tenían que luchar para tomar posesión y mantenerla.

Considero que por medio de este libro serás entrenado para reinar victoriosamente en tu vida personal. Vamos a explorar la historia de Ester y veremos el proceso simple pero poderoso que nos lleva de la liberación al dominio.

Es hora de contraatacar.

Pensamientos para Compartir

Usa los hashtags #fightbackbook #pastorvlad

Dios te ha ungido para resistir lo que le estás pidiendo que elimine.

Fuimos creados para adorar; también fuimos llamados a la guerra.

El cautiverio es malo; la batalla es buena. El cautiverio te convierte en un esclavo; las batallas te convierten en soldado. El cautiverio ocurre en Egipto; las batallas ocurren en la tierra prometida.

En la liberación, Dios obra por ti, pero en el dominio, Él obra a través de ti.

Dios nos libra de los demonios pero no de las batallas.

CAPÍTULO 1

Batallas Que No Comenzaron Contigo

En el 2019, conocí a Iveta en Londres mientras predicaba en una conferencia para jóvenes llamada *Stay Lit*. Ella voló desde Lituania para conocernos a mi esposa y a mí, antes de decidir venir a nuestro programa de pasantías ese mismo año. Su testimonio de liberación y luego de caminar en dominio ha sido de bendición para muchas personas.

Cuando Iveta tenía siete años, su padre fue asesinado. Fue entonces cuando comenzó a hacerse la gran pregunta de la vida: "¿Quién es Dios?" Ella recuerda exactamente el momento en el que aprendió lo que es la muerte y que la muerte puede llevarse a la persona que amas. En la infancia nunca piensas en morir.

Iveta recuerda vívidamente el momento en el funeral de su padre cuando el espíritu de el miedo entró en ella. Estaba completamente consumida por el miedo - miedo a morir, miedo al futuro y miedo a lo desconocido. Iveta empezó a cuestionar la justicia, preguntándose si existía justicia en el mundo. Le dijo a su mamá que un día se vengaría y mataría al asesino de su padre. Estaba consumida por el odio.

Desde esa edad temprana, su depresión se volvió muy severa. No podía lidiar con sus emociones; su vida se volvió abrumadora. Eventualmente, comenzó a dañar su cuerpo y a poner en peligro su propia vida. Cuando Iveta entró en la adolescencia, le recetaron antidepresivos por los siguientes once años de su vida. En lo profundo de su mente, sentía una oscuridad inexplicable. Extrañamente, ella podía percibir que era algo demoníaco. De hecho, le preguntó a su madre si necesitaba liberación. ¡Esto no era normal! Su problema era que no podía controlar sus pensamientos u obsesiones que eran constantemente TOC (trastorno obsesivo compulsivo). No podía distinguir entre lo que era verdaderamente real y lo que eran sus propios pensamientos o imaginaciones. Los medicamentos recetados la ayudaron un poco, pero aún se sentía completamente vacía.

Iveta se sentía como una víctima pero también como una sobreviviente. El orgullo la consumía. Ella comenzó a investigar el mundo místico de los espíritus. Los médiums y adivinos que vio en la televisión le dijeron que podía cambiar su propio futuro. Creía que al conocer su futuro, podía predecir eventos, relaciones románticas, su futura familia y el resultado de varias situaciones. Debido a que su familia tenía un historial de tantos eventos trágicos, suicidios, pérdidas de seres queridos, asesinatos y sobredosis, sintió que era su trabajo terminar con las maldiciones de su familia. Planeaba hacerlo mediante la brujería y la astrología. Ella sabía que los demonios existían, pero razonó que estaba en la "zona segura" porque solo practicaba magia blanca.

Iveta concluyó que sus intenciones eran buenas. A fin de cuentas, ella solamente quería ayudar a la gente.

Más adelante, empezó a juntarse con la gente equivocada. Comenzó a beber, a salir de fiesta, a usar cristales, se volvió vegana, cayó en las prácticas de la Nueva Era y comenzó a creer en la reencarnación, pensando todo el tiempo que estaba siendo iluminada. Para ella, esto parecía estar resolviendo las maldiciones de su familia. A pesar de que estaba pagando sus deudas de karma, seguía sintiéndose vacía, inquieta y ansiosa.

Un día, Iveta vio por casualidad el testimonio de una mujer prominente que había estado en el movimiento de la Nueva Era durante más de treinta años. La señora tenía un negocio muy lucrativo basado en el movimiento de la Nueva Era. La mujer compartió su asombroso testimonio acerca de el poder de Jesús y la salvación por medio de Su gracia. Ella cerró su negocio, quemó todos sus libros, abandonó sus prácticas e incluso devolvió el dinero a las personas que pagaron por todos los materiales que ella les había vendido. ¡No había manera de que esta mujer estuviera fingiendo! Entonces Iveta contactó a la mujer, quien luego la dirigió en una oración de arrepentimiento y salvación. Sus ojos se abrieron a la idolatría que estaba cometiendo mediante la adoración a demonios. Comenzó a preguntar a sus amistades acerca de las cosas que había hecho y la forma en que vivía. Sintió convicción y pesadez por sus pecados. Se sintió literalmente como una prostituta impura.

Iveta empezó a arrepentirse de todo. ¡Ella creía en su corazón que era malvada! ¡Orgullosa! ¡Cuán ciega había estado ante la verdad! Por primera vez en su vida, sintió la amorosa protección de Dios, aunque sabía que todavía tenía puertas abiertas en su vida. Continuó saliendo a fiestas y viviendo en pecado; su conciencia había sido gravemente dañada. Todos a su alrededor le decían que estaba bien vivir de esa manera. Ella fue engañada. Le dijeron que ese estilo de vida no era nada malo. Pero cuando fue bautizada con el Espíritu Santo, sus ojos se abrieron de nuevo. Dios comenzó a revelarle realidades espirituales. Le reveló Su voluntad para su vida. Él no le quitó la diversión, pero la ayudó a darse cuenta que las consecuencias espirituales vienen después de cada decisión. ¡Le mostró de qué la estaba salvando!

Durante esa época, Iveta fue atormentada por la parálisis del sueño (una sensación de ser totalmente incapaz de moverse al comienzo del sueño o al despertar) como nunca antes. El enemigo la atacaba a través de áreas que aún no habían sanado. Ella no sabía que Dios le había dado dominio y autoridad para hacer que el diablo huyera. La primera vez que Dios le mostró lo que ella podía hacer para triunfar fue cuando falleció su abuela. Lamentablemente, no pudo asistir al funeral de su abuela y sintió una culpa abrumadora que se apoderó de ella. Iveta se despertó la noche siguiente y sintió como si su abuela fallecida estuviera acostada a su lado. Miró a su abuela y sintió que una sensación agobiante la consumía de dolor. Entonces le vino un pensamiento a la cabeza: "¿Por qué un Dios amoroso me haría pasar por todo esto otra vez?". Así que declaró en voz alta: "¡Si no vienes de Jesús, vete!". En cuanto dijo eso, el demonio se fue molesto. Fue entonces cuando se dio cuenta de que hay poder en el nombre de Jesús. Sintió que Dios quería enseñarle que ella realmente tenía Su poder y autoridad.

Poco a poco, Iveta empezó a lidiar con los poderes demoníacos. Eventualmente, Dios la llevó a ver mis sermones en YouTube y a otros ministerios como el de Derek Prince. Empezó a darse cuenta de las cosas que tenía que tirar y desechar, las cuales eran la mayoría de las cosas de su casa. Dios también le mostró que todavía tenía mucho odio y le pidió que perdonara al asesino de su padre. Cuando finalmente Iveta perdonó al asesino, fue liberada completamente del odio. Ella sintió que aquella parte oscura de sí misma se había marchado. ¡Por fin! ¡Qué alivio! El gran peso que había estado cargando durante años desapareció. Iveta era libre. Se dio cuenta de que vivir a la manera de Dios es la mejor manera.

Mencioné en mi libro *Sé Libre* que el diablo utiliza puertas abiertas para obtener acceso a un individuo. Esas puertas son lo oculto, los objetos malditos, los traumas, las maldiciones generacionales, etc. El apóstol Pablo nos advierte: *"Ni deis lugar al diablo"* (Efesios 4:27 RVR1960). En el caso de Iveta, como en el de muchos jóvenes de hoy, la falta de el perdón y el rencor abren la puerta al tormento interno. Todas las puertas pueden cerrarse mediante la fe y el arrepentimiento, y la libertad se puede recibir renunciando el acceso que el enemigo pueda tener.

El Odio de Esaú Resultó en el Ataque de Amalec

Conozcamos ahora a la reina Ester y veamos su historia en el Antiguo Testamento. Antes de que la reina Ester fuera liberada de su enemigo, Amán, el ayudante de el rey, había preparado un plan perverso para destruirla a ella y a todo el pueblo judío. ¿Por qué tanto odio? Veamos el origen de esta batalla contra los judíos. Empezó mucho antes de que Ester naciera. En realidad, el conflicto comenzó con sus antepasados Jacob y Esaú, y continuó a través de la historia. *"A partir de ese momento, Esaú guardó un profundo rencor hacia su hermano por causa de la bendición que le había dado su padre, y pensaba: «Ya falta poco para que hagamos duelo por mi padre; después de eso, mataré a mi hermano Jacob»."* (Génesis 27:41). El odio de Esaú hacia su hermano nunca fue mitigado. El deseo de matar en su corazón nunca se desvaneció. De hecho, Esaú no lastimó a Jacob ni lo asesinó, pero ardía en lo profundo de su corazón el deseo de hacerlo.

El odio que había en el corazón de Esaú pasó por su linaje hasta su nieto, Amalec, e incluso más allá. *"Elifaz tuvo un hijo con una concubina suya, llamada Timná, al que llamó Amalec. Todos estos fueron nietos de Ada, esposa de Esaú"* (Génesis 36:12). La nación de Amalec, descendiente de Esaú, fue la primera nación en atacar a Israel después de que Moisés los sacó de Egipto unos 500 años después.

Los israelitas no atravesaron por el territorio de los amalecitas y no suponían ninguna amenaza para ellos, sin embargo, los amalecitas atacaron por detrás, de forma inesperada, indirecta, agresiva y arrogante. "Recuerda lo que te hicieron los amalecitas después de que saliste de Egipto: cuando estabas cansado y fatigado, salieron a tu encuentro y atacaron por la espalda a todos los rezagados. ¡No tuvieron temor de Dios!" (Deuteronomio 25:17-18). Los israelitas estaban cansados y agotados. Los amalecitas atacaron a los más débiles que venían detrás de todos los demás. Esa era su forma típica de luchar; eran astutos, crueles y bárbaros. (1 Samuel 30:1).

Mientras Josué fue a luchar físicamente contra el ejército atacante, Moisés fue a luchar en el mundo espiritual desde la cima de una montaña, porque los amalecitas no representaban solamente un enemigo físico, sino también un enemigo espiritual maligno. Después de la victoria, el Señor le dijo a Moisés: *"Pon esto por escrito en un rollo de cuero, para que se recuerde, y que lo oiga bien Josué: Yo borraré por completo, bajo el cielo, todo rastro de los amalecitas"* (Éxodo 17:14). De hecho, Moisés dijo: *"¡La guerra del Señor contra Amalec será de generación en generación!"* (Éxodo 17:16). Dios ha jurado que tendrá guerra contra Amalec en todas las próximas generaciones.

Justo antes de entrar a la tierra prometida cuarenta años más tarde, Moisés le recordó a Josué la misma tarea: *"Por eso, cuando el Señor tu Dios te dé la victoria sobre todas las naciones enemigas que rodean la tierra que él te da como herencia, borrarás para siempre el recuerdo de los descendientes de Amalec. ¡No lo olvides!"* (Deuteronomio 25:19).

En otras palabras, Dios realmente tomó en serio la eliminación de Amalec. Quiero que veas la conexión entre lo que sucede cuando el odio habita en el corazón y lo que el "diálogo interno" hostil le hace a una persona. Es necesario arrepentirse de ambos. Podemos intentar reprimir estos sentimientos y no dejar que se descontrolen como hizo Caín, quien permitió que el odio y el rencor lo convirtieran en un asesino. Ciertamente, Esaú controló su rencor, pero nunca se libró de el. Sin embargo, años más tarde reapareció y sus descendientes convirtieron esa ira en guerra.

Dios nunca nos llamó a manejar el pecado, sino al arrepentimiento del mismo. La razón principal es que el pecado puede transmitirse a nuestros hijos. Lo que Esaú tenía en su corazón, Amalec lo tenía en su sangre. Esto no debería sorprendernos, ya que las bendiciones y las maldiciones son generacionales. Nuestro Dios es generacional, siendo el Dios de Abraham, Isaac y Jacob. Lo mismo ocurre con el odio, la lujuria, el orgullo y toda tendencia pecaminosa; se extienden de generación en generación. Por eso Salomón dijo: *"Por sobre todas las cosas cuida tu corazón, porque de él mana la vida"* (Proverbios 4:23).

La Primera Misión de Saúl

Algunos años después de que la nación de Israel entró en su tierra prometida, recibieron a su primer rey cuyo nombre era Saúl. Su primera misión de Dios fue atacar al pueblo de Amalec y destruir por completo todo lo que poseían. Dios dijo: *"He decidido castigar a los amalecitas por lo que le hicieron a Israel, pues no dejaron pasar al pueblo cuando salía de Egipto"* (1 Samuel 15:2). Pero el rey Saúl no se tomó en serio ese encargo y solo obedeció a Dios a medias, lo que Dios consideró un pecado de desobediencia. El rey Saúl preservó a Agag, el rey de los amalecitas, y lo mejor de las ovejas, los bueyes y otras cosas buenas. Saúl y su ejército no estaban dispuestos a destruirlo todo. La desobediencia de Saúl tuvo como repercusión la pérdida de su reino. La consecuencia de su desobediencia fue más allá de la pérdida de su reino.

El rey Saúl permitió que el rey Agag viviera y aparentemente algunos de sus descendientes escaparon. Generaciones después nació Amán, descendiente de la familia de Agag. Este hombre Amán, *"hijo de Hamedata, el descendiente de Agago"* (Ester 3:1), amenazó con aniquilar a todos los judíos que vivían en Persia. ¿Y adivina a quién levantó Dios para enfrentar a este descendiente de Agag? A la reina Ester y a su primo hermano Mardoqueo, los cuales eran descendientes directos de Quis, el padre del rey Saúl (Ester 2.5-6). Dado que el rey Saúl no había obedecido las instrucciones de Dios de matar al rey Agag, Dios vuelve a recrear el hecho muchos años después en Persia. Este espíritu antisemita de Amalec resurge en Amán, pero el Espíritu Santo unge a otro hijo de Quis (Mardoqueo) para completar el ciclo de ataques y finalmente poder acabar con él.

El Rey Saúl Transfirió Enemigos

¡Ester fue llamada a pelear una batalla que ella no comenzó! Su antepasado, el rey Saúl, debería haber luchado y ganado esa batalla. Él fue ungido y designado para acabar

27

con Amalec, pero no lo hizo. El rey Saúl debería haber transmitido victorias, sin embargo, le dejó enemigos a la siguiente generación. Estos enemigos no desaparecieron fácilmente; la siguiente generación tuvo que enfrentarse a ellos. La reina Ester luchó contra ellos y los venció con el poder de Dios, y dejó como legado a las siguientes generaciones una festividad llamada Purim, en conmemoración de su gran victoria sobre el antiguo enemigo de Israel.

Puede ser que algunas de las batallas que enfrentas hoy, no hayan comenzado contigo, sino con tus padres y abuelos. Quizá a través de la desobediencia y la vida pecaminosa de ellos, padezcas pobreza y tengas malos hábitos, tendencias impuras y enfermedades que te fueron transmitidas. Tú no eres responsable de lo que se te transmite, pero sí eres responsable de afrontar el pecado, las debilidades y los fracasos. Tal vez las generaciones anteriores no conocían a Dios, o por voluntad propia caminaron en desobediencia a Él. En vez de heredarte victorias y una ventaja en la vida, te dejaron derrotas y enemigos como el enojo, la lujuria, y la adicción. Recuerda, tú tienes la misma unción que reposó sobre Ester para poner fin al ciclo del pecado habitual, la enfermedad crónica, los miedos, la muerte prematura, el divorcio y la pobreza. No te quejes y culpes a la generación anterior.

Ester no culpó a Saúl. Ella reconoció que su enemigo planeaba destruir al pueblo de Dios, debido a que Saúl no obedeció la orden de destruir al adversario en su momento. Dios la había escogido para un momento como este, para ganar las batallas que ella no comenzó. Eran batallas que las generaciones anteriores habían estado peleando. Ella no solo continuó esas batallas, sino que les puso fin. Ester dejó un legado de victoria a las generaciones que la siguieron. ¡Qué celebración! Por fin, Amalec quedó eliminado.

No te estoy sugiriendo que empieces a hacer un inventario de tu árbol genealógico para averiguar lo que hicieron mal tus parientes. Pero si miras a tu alrededor y ves que muchos en tu familia siempre están enfermos, entonces serás "Ester" para exterminar el Amalec de la enfermedad en tu generación. Si notas que todos los matrimonios terminan en divorcio, tú eres el "Mardoqueo" para acabar con el Amalec del divorcio en tu familia. Tal vez el miedo, la depresión y la ansiedad corren en tu árbol genealógico; tú estas siendo llamado a vencer esos demonios en tu linaje familiar. Tal vez hay pobreza y una constante escasez de finanzas en tu unidad familiar. Ánimo. El hecho de que las batallas hayan recaído sobre ti no significa que tengas que soportarlas; tienes que poner fin a estas batallas con la victoria.

Si tuviste excelentes padres que te transmitieron grandes victorias, tienes un gran comienzo en la vida. No lo arruines involucrándote en cosas que no agradan a Dios, porque así como las maldiciones se pueden romper, las bendiciones también se pueden perder. Si sientes que todo lo que tocas se convierte en oro, ten cuidado y no te enorgullezcas; probablemente estás repitiendo bendiciones generacionales. Aún tienes que elegir caminar de una manera que te permita permanecer en esa bendición.

Pero si no tuviste el lujo de que te transmitieran victorias, el mal ejemplo que te dieron tus padres no es digno de imitar. Recuerda, no tienes excusa. Los padres deciden tu historia, pero tus propias elecciones deciden tu destino. Tu elección de escoger entre el bien y el mal es más poderosa que las estadísticas. Si te entregas a Dios y te rodeas de las personas adecuadas, no te convertirás en una estadística, sino en un testimonio de la bondad de Dios. A Ester le heredaron problemas, pero con la ayuda de Dios y Su pueblo, ella no solamente experimentó liberación sino que caminó en dominio. Ester es tu modelo a seguir, demostrando que tu vida no tiene que ser definida por lo que te fue dado.

Pensamientos para Compartir

Usa los hashtags #fightbackbook #pastorvlad

La desobediencia de una generación se convierte en derrota para la siguiente, al igual que el sacrificio de una generación se convierte en el fundamento de la siguiente.

No eres responsable de lo que se te transmite; eres responsable de cómo respondes a ello.

Los padres deciden tu historia, pero tus elecciones deciden tu destino.

CAPITULO 2
La Autoridad Supera el Acceso

Bob Hagen dirige nuestro ministerio de prisiones en Hungry Generation. El Señor lo usa para llegar a los presos con el evangelio. Bob también viaja en misiones al extranjero. En su pasado, hubo un tiempo en el que Bob fue un prisionero espiritual. Creció siendo un niño tímido e introvertido. Durante su infancia, su padre estudiaba metafísica, ocultismo y otros temas relacionados. De pequeño, se interesó mucho por los libros de su padre, los cuales plantaron semillas destructivas para su vida futura.

Cuando llegaron los años sesenta, decidió identificarse con la subcultura psicodélica y comenzó a consumir marihuana y otras sustancias ilegales. De repente, ese niño tímido e introvertido comenzó a hablar con valentía.

Bob a veces entraba en un estado catatónico o inconsciente durante horas seguidas. Fue así que conoció a su amigo Sam mientras estaba en uno de esos estados catatónicos. Poco después, Sam lo introdujo a una organización conocida como la Hermandad del Amor Eterno, que era una asociación de hippies afiliados a un gurú de India del Este que enseñaba el autoconocimiento. Los "hermanos" comenzaron a enseñarle y eventualmente, lo hicieron conducir solo a un lugar remoto en las montañas con la instrucción de consumir una cantidad enorme de drogas. Mientras estaba bajo la influencia, Bob estaba convencido de que había visto a Dios.

Así continuó hasta que los oficiales de narcóticos comenzaron a investigar esta organización y procedieron a arrestar a las personas. En ese momento, Bob se mudó a Oregón y consiguió un trabajo en un hospital psiquiátrico. Mientras leía más libros de la biblioteca de su padre, encontró un libro basado en las antiguas enseñanzas del misticismo judío, el cual estudió a fondo.

Bob se sentía como un hombre débil y temeroso, que en un acto de desesperación había intentado superar su timidez y sus miedos, colocándose en situaciones peligrosas, tanto espiritual como físicamente. Bob no tenía alegría genuina y estaba constantemente preocupado.

Durante el otoño de 1973, Bob fue a visitar a un amigo cercano, un sacerdote hindú que vivía con su familia en las islas Fiji. La parte de la isla en la que residían era predominantemente hindú. Bob aprendió de su amigo los rituales y ceremonias de la religión hindú. Uno de los rituales era la ceremonia de "caminar sobre el fuego", en la que la gente caminaba descalza sobre brasas. Bob se quedó allí por siete días antes de que se encendiera el fuego y quisiera participar en la ceremonia. Constantemente, practicaba yoga y meditación y les convenció de que era sincero en su búsqueda de la iluminación. Mientras rendía culto en el templo, se produjeron una serie de extraños fenómenos sobrenaturales. Los espíritus hindúes tomaban el control de los cuerpos de la gente y empezaban a actuar como monos y a mostrar ciertas características de sus diferentes dioses, mientras que otros entraban y salían del estado de trance.

Miles de personas se reunieron para la ceremonia del fuego. Muchos vinieron de otros países. Todos los caminantes del fuego se reunieron en una laguna y mojaron sus ropas ceremoniales en el agua para evitar que se incendiaran. A continuación, los sacerdotes se acercaron a cada uno de los que iban a caminar sobre el fuego y les perforaron el cuerpo con unas agujas de metal de quice centímetros. Los perforaban en varios sitios - a unos en los cachetes y a otros en los costados, las piernas, los brazos y el cuello. ¡Lo más extraño de todo fue que no apareció sangre en absoluto! Cuando le llegó el turno a Bob, el sacerdote tomó una aguja larga y la perforó a través de su cuello de modo que los extremos sobresalían por ambos lados, pero no sintió dolor. Todos cantaron y atravesaron el fuego, incluyendo Bob, sin sufrir quemaduras graves.

Posteriormente, Bob viajó a Nueva Zelanda. Todo empeoraba día tras día. En lugar de sentirse libre, satisfecho y feliz como le prometieron los sacerdotes, Bob empezó a experimentar una profunda depresión. Durante los siguientes cuatro años, decidió dedicarse a la Cienciología, con la esperanza de encontrar estabilidad. Incluso llegó a ser ministro licenciado, pero no encontró consuelo ni esperanza. Sentía que estaba más lejos de Dios que nunca. Una noche, Bob clamó a Dios y le suplicó que le ayudara. En un impulso, decidió volar de regreso a visitar a su amigo en Fiji, suponiendo que tal vez había dejado a Dios allí.

Después de llegar y quedarse por un tiempo, se dio cuenta de que nada le traía paz, ni siquiera las profundas reflexiones de su amigo hindú. Bob se enfermó con fiebre alta y regresó a los Estados Unidos. La depresión y la confusión que había sentido continuaron durante varios años, mientras seguía buscando respuestas. Nada le ayudaba. Ni siquiera todos los libros espirituales que había leído le aportaron la verdad. Bob estaba buscando desesperadamente a Dios.

Años más tarde, después de haber regresado a los Estados Unidos, conoció a Helen. En ese entonces estaban saliendo juntos, y ella fue a visitarlo para una cena de Acción de Gracias. Bob estaba en la cocina preparando el pavo y cuando volvió a la sala, encontró a Helen postrada en el suelo llorando. Ella le dijo que Jesús se le acababa de aparecer.

En ese momento Dios habló claramente en el corazón de Bob y le dijo que quería que cuidara de Helen por el resto de su vida. Bob y Helen se casaron; ella tenía la fuerza y la sabiduría para cimentarlo en su fe con Dios. Dios usó a Helen para acercar a Bob a Él mismo y anclarlo en la fe. Ambos entregaron sus vidas a Dios en 1984, pero la guerra espiritual dentro de Bob continuó hasta 1992. Antes de su liberación, Bob se sentía realmente incómodo con la iglesia y el cuerpo de Cristo, y al mismo tiempo batallaba con la duda. Un día, un pastor filipino le dijo que necesitaba liberacion. Fue durante Acción de Gracias que el pastor oró por Bob. Durante su liberación, Bob estaba retorciéndose en el suelo sujetado por cinco hombres. Se dio cuenta de que estaba cantando las mismas oraciones que había cantado en el templo hindú hace mucho tiempo. ¡Bob finalmente fue liberado esa noche! Se sintió libre como nunca antes. La depresión con la que había luchado durante tanto tiempo lo abandonó y pronto empezó a testificar libremente a la gente. Se produjo un cambio incluso en su carácter, con una sensación plena de paz y alegría.

Él y su esposa se hicieron parte de la iglesia Hungry Generation, sirviendo fielmente junto a nuestro equipo. Con el tiempo, Bob comenzó a ir a las prisiones, a ministrar a los reclusos, así como a hacer viajes misioneros internacionales. La unción del Espíritu Santo descendió vigorosamente sobre Bob. Antes él temía hablar en público, pero ese temor fue eliminado por completo. A menudo Bob ve asombrosas liberaciones, sanaciones, y milagros durante sus compromisos con la comunidad y estos continúan hasta el día de hoy. El Espíritu Santo le reveló a Bob que para caminar en victoria se requiere que se acerque a Jesús constantemente con disciplina y devoción.

Ver a Bob todos los fines de semana en la iglesia me recuerda que Jesús no vino solamente a liberarnos, sino a capacitarnos para ganar en la vida. A diferencia de tantas personas que van de liberación en liberación, Bob pasó de la libertad a la lucha. Evidentemente, el pecado le abrió la puerta a los demonios, pero Jesucristo se convirtió en la puerta a su destino. Han pasado veinte años desde su liberacion y Bob actualmene está caminando en su destino.

El enemigo de nuestra alma busca puertas abiertas por donde entrar, para poder hacer daño y atormentarnos. Para Bob, las drogas y el ocultismo se convirtieron en la llave de acceso que el diablo utilizó para entrar en su vida. Las maldiciones generacionales como mencionamos en el primer capítulo, pueden darle licencia al enemigo para invadir la vida de una persona. La práctica del pecado, la adicción, el ocultismo, la falta de perdón, la idolatría, las cosas malditas, etc., son otras puertas abiertas que le dan al diablo acceso a la vida de una persona. El diablo puede ganar entrada a través del ocultismo, el abuso, los objetos malditos, las maldiciones generacionales y el pecado voluntario, pero hay algo que es más fuerte, algo que puede anular y triunfar sobre su acceso: se llama autoridad.

Amán Tenía Acceso al Palacio

Amán tenía acceso al lugar donde vivía Ester. La casa de Ester era su lugar de trabajo. Amán trabajó en su palacio, libremente. De hecho, fue promovido y ascendido. Su posición era superior a la de todos los demás príncipes que estaban allí con él. Todos los sirvientes se inclinaban y rendían homenaje a Amán (Ester 3:1-2). En el palacio donde Amán trabajaba, vivía la reina Ester. Pero el acceso no le dio posesión sobre ese palacio. Trabajaba allí, pero no residía allí.

Como cristianos, debemos entender que a través del pecado le damos acceso al diablo. Este acceso le permite operar en nuestras vidas personales. El pecado da paso pero no el derecho de propiedad. El pecado le da al diablo la llave de nuestra casa pero no hace que nuestra casa se convierta en su hogar. Amán, quien iba al palacio para elaborar planes malvados, regresaba todos los días a su propia residencia. El palacio no era su casa; era la casa de la reina Ester. Aunque él tenía acceso debido a su posición en el palacio, Amán no consideró la autoridad que tenía Ester al vivir allí. Ester era la reina; él simplemente era un príncipe. Ester estaba casada con el jefe de Amán. Ester tenía algo mucho más grande que tan solo acceso al palacio; tenía la autoridad que conlleva estar casada con el rey.

Un verdadero cristiano nacido de nuevo puede ser oprimido por el diablo siempre y cuando le otorgue acceso al enemigo, pero no puede ser poseído por el diablo. Eso significa que Satanás no es dueño de la persona, no posee a esa persona. En *Sé Libre*, dediqué un capítulo entero al acceso que el enemigo puede tener en la vida de una persona. Este es un extracto:

Cuando un cristiano es librado de demonios o maldiciones, no significa que esos espíritus hayan estado viviendo en su espíritu. El Espíritu Santo ocupa el espíritu del creyente, pero los demonios pueden acosar, atormentar y oprimir el alma del creyente. El Espíritu Santo posee al creyente, lo que significa que Él lo posee. Los espíritus demoníacos buscan oprimir al cristiano controlando una parte de su vida. El estar atormentado por demonios no significa que no hayas sido salvado. No significa que esos espíritus te poseen. Derek Prince, quien ha influenciado poderosamente mi vida en el área de liberación, compartió en uno de sus discursos que la palabra griega que los escritores del Nuevo Testamento usaron para la posesión demoníaca es "demonizado". El explicaba que el ser demonizado no significa apropiación, sino un control parcial. Quiere decir que los demonios buscan controlar un área de tu vida. Ellos no pueden tener posesión o apropiación de tu espíritu. ¿Cómo sabes qué área controlan los demonios? Usualmente, es el área donde no tienes el control porque algún demonio está dominando esa área de tu alma. Cuando eres liberado, recuperas el control. Durante la liberación, esa parte de tu alma se libera. Tal vez estés pensando que la oscuridad y la luz no pueden vivir juntas. No dice eso en la Biblia. Algunos piensan que el Espíritu Santo y un espíritu maligno no pueden habitar en la misma vasija. ¿En serio? ¿Quién dijo eso? La Escritura de donde obtenemos esto dice, "No formen yunta con los incrédulos. ¿Qué tienen en común la justicia y la maldad? ¿O qué comunión puede tener la luz con la oscuridad?" (2 Corintios 6:14). Este versículo no dice que la luz y la oscuridad no pueden coexistir. Dice que no deberían existir juntas. Pablo nos está diciendo cómo deben ser las cosas, no nos está diciendo lo que no pueden ser. Si crees que los cristianos no pueden ser demonizados, déjame decirte que he escuchado historias de cuando la luz y la oscuridad operaron en la misma persona. Por ejemplo, hubo un pastor caído que una vez predicó acerca de la santidad mientras visitaba frecuentemente a prostitutas; un creyente recién salvo que habitualmente regresaba al abuso de drogas e intentos suicidas de autodestrucción; un líder cristiano que influyó *a muchas personas por causa del Evangelio pero terminó en la cárcel por fraude y robo. Pablo declaró en 2 Corintios 6:14, "No formen yunta con los incrédulos.", y luego siguió hablando de cómo la oscuridad y la luz no deberían tener ningún compañerismo. Si la oscuridad y la luz no pueden coexistir, entonces los cristianos no pueden salir con incrédulos. Sabemos que esto sucede todo el tiempo. No debería, pero si ocurre. Lo mismo sucede con los cristianos demonizados. No deberían estar bajo esta influencia demoníaca, pero en ninguna parte de la Biblia dice que esto no es posible".*[3]

No quiero enfocarme en el poder de acceso que pueda tener el enemigo, sino en el poder de la autoridad que tienen los creyentes. Cuando hablamos de guerra espiritual, podemos correr el peligro de glorificar al diablo. Es cierto que cuando le damos el código de nuestra vida a través del pecado, él se aprovechará de ello. Él tratará de matar, robar y destruir. Si no puede matar, buscará destruir. Si no puede destruir, al menos robará algo. Puedes estar seguro de que traerá caos en nuestra vida. El acceso que Amán tenía al palacio fue utilizado para planear el mal contra Ester y su pueblo. El diablo hará lo mismo con cualquiera que le dé la llave a su vida al pecar. Él operará en nuestras vidas para conspirar contra nuestra paz, alegría y prosperidad. Eso debería advertirnos de que no cometamos pecado, sino que caminemos por el camino de la santidad.

---

3   Savchuk, Vladimir. "Pan de Niños". *Sé Libre,* Vladimir Savchuk, 2018, págs. 66–68.

Pero incluso si le has dado al diablo acceso a tu vida, ya sea a través de el pecado voluntario o a través de alguien en tu pasado, debes comprender lo poderosa que es la autoridad de el Rey Jesús. Él es el Rey con quien tenemos una relación. Él es nuestro novio. Nosotros, la iglesia, somos Su novia. No importa el acceso que le hayas dado al diablo y los intentos de destruir tu vida, en Cristo Jesús tienes la autoridad de remover la llave de acceso y recuperar el control de tu vida.

¿Recuerdas el testimonio de Bob al comienzo de este capítulo? El enemigo realmente controlaba su vida. Él le dio ese acceso al diablo. Él no sabía nada mejor en ese momento. Sin embargo, Jesús no solo es misericordioso, sino también poderoso. Mediante el poder de el Espíritu Santo, ese acceso fue cancelado. El enemigo fue derrotado y ahora Bob está trayendo libertad a otros. De ninguna manera estoy defendiendo el "placer" de vivir en pecado o minimizando los efectos dañinos de dar acceso al enemigo, pero estoy declarando que el poder de Jesús es más grande que cualquier cosa en este mundo. Él es omnipotente. Él tiene poder total para reinar sobre el enemigo.

Recuerdo haber hablado con John Ramirez, quien era un brujo satánico de la ciudad de Nueva York. John tiene un poderoso testimonio que puedes ver en YouTube. Mencionó un incidente cuando una señora vino a pedirle que lanzara un hechizo sobre otra persona. John normalmente cobraba una gran suma de dinero por ese tipo de trabajo. Pero cuando se enteró de que su vecino quería hechizar a una señora cristiana, le dijo que lo haría gratis. Odiaba apasionadamente a los cristianos. Trató de hechizar a esta señora cristiana, que en ese momento vivía en adulterio, pero su hechizo no funcionó. Algo la estaba protegiendo de su hechizo. Esta fue la primera vez que se dio cuenta de que hay un poder mayor que el poder de el diablo. No sé el motivo de esa situación, aunque la señora estaba viviendo en pecado, el enemigo no tenía control total sobre ella. Usualmente, el enemigo es capaz de ejercer poder. Pero me animó saber que como cristianos, tenemos más poder en Cristo de lo que nos damos cuenta. Satanás no es tan poderoso como se presenta a sí mismo. ¡Es un mentiroso! Aunque él es real y sustenta poder, la autoridad que tenemos en Jesús es muchísimo mayor que el poder de Satanás.

La Autoridad del Creyente

"—Yo veía a Satanás caer del cielo como un rayo —respondió él—. Sí, les he dado autoridad a ustedes para pisotear serpientes y escorpiones y vencer todo el poder del enemigo; nada les podrá hacer daño" (Lucas 10:18). Jesús les dio autoridad a los discípulos antes de darles poder. El poder del Espíritu Santo vino después, pero la autoridad fue dada de inmediato. El poder es como el arma del policía, pero la autoridad es la placa. Cuando te conviertes en cristiano, Jesús te da la autoridad y el poder del Espíritu Santo. Eres como un policía en el mundo espiritual. Un oficial de policía tiene una placa que representa la autoridad y un arma que proporciona poder para respaldar esa autoridad. Los delincuentes temen a los oficiales por la autoridad y el

poder que ejercen. Cuando reconoces el hecho de que ya se te ha dado autoridad y poder sobre el diablo, el enemigo entra en pánico. Él es el criminal; tú eres el oficial. Tienes el poder del cielo respaldándote.

Jesús tiene toda la autoridad en el cielo y en la tierra (Mateo 28:18). Se nos dio autoridad sobre todo el poder de el enemigo (Lucas 10:18). Esta autoridad se da para que podamos pisotear al enemigo. Ester usó la autoridad que tenía debido a su relación con su rey, para expulsar a su enemigo y pisotear su plan. Cristo le dio a Su novia la autoridad y el poder para hacer lo mismo: terminar el ciclo de pecados generacionales; para expulsar espíritus de miedo, pesadez, esclavitud, adivinación y muerte; pisotear serpientes, escorpiones y demonios pitón; para derribar las fortalezas que el enemigo ha construido. La autoridad no es para aparentar, es para la guerra.

Cree en Jesús, no en la Tradición

Algunas personas tienen miedo a caminar en la autoridad dada por Dios debido a la enseñanza religiosa tradicional. Esta enseñanza causa temor en el corazón de los cristianos. Esta enseñanza no está en la Biblia, y beneficia mucho al diablo. La enseñanza tradicional dice que si vas a embarcarte en el trabajo de la guerra espiritual, habrá repercusiones y consecuencias negativas por causa de hacer liberaciones. Dicen que los accidentes, la depresión, la pesadez y las pesadillas son las formas que tiene el diablo de contraatacar por caminar en autoridad. He escuchado a algunas personas advertir a los jóvenes creyentes que tengan cuidado al hacer guerra espiritual debido a la terrible consecuencia que podría ocurrir. Sé que todo esto suena espiritual, pero no es bíblico. Jesús declaró: *"Sí, les he dado autoridad a ustedes para pisotear serpientes y escorpiones y vencer todo el poder del enemigo; nada les podrá hacer daño"* (Lucas 10:19). Esa es una promesa de protección para los que *"pisotearán serpientes y escorpiones"*. Jesús no advirtió a Sus discípulos acerca de un posible contraataque o que algún pecado oculto puede hacer que el enemigo venga y los ataque. Los primeros seguidores de Jesús no eran perfectos, pero tenían autoridad. La única advertencia que dio Jesús fue que no nos regocijemos en nuestras victorias debido a nuestra autoridad, sino que nos regocijemos en nuestra salvación eterna, la cual es el fundamento de esa autoridad.

Cuando era adolescente, creía más en esta tradición que en las enseñanzas de Jesús. Recuerdo que antes de cualquier gran reunión de jóvenes en la que esperábamos que hubiera una gran cosecha de almas y oración por la liberación, orábamos con fervor para cubrirnos con la sangre de Jesús y así, protegernos de los posibles ataques del diablo. Nuestro problema era que sinceramente esperábamos que el diablo nos devolviera el golpe por lo que estábamos a punto de hacer. Incluso les decíamos a nuestros líderes que íbamos a causar daño al reino de las tinieblas y que el diablo no se quedaría de brazos cruzados, sino que habrían represalias. Suponíamos que después de grandes avivamientos, vendrían grandes ataques. Usamos las historias de la tentación de

Jesús después de su bautismo en el río Jordán, y la batalla de Elías contra la depresión después de atacar a los profetas de Jezabel como nuestra prueba de que el enemigo nos atacaría.

Lo interesante es que lo que esperábamos era lo que ocurría. A veces, antes de las conferencias, nuestro equipo sufría accidentes graves, sus automóviles se volcaban en la autopista mientras conducían hacia el evento, o los cantantes se ponían tan enfermos que tenían que ser hospitalizados, o después de los eventos, nuestro equipo se ponía físicamente enfermo. Todo eso nos confirmó que lo que decíamos era realmente cierto. Pensábamos que todas esas cosas eran repercusiones del diablo por causar daño a su reino. Eso es lo que creíamos, pero era totalmente contrario a lo que Jesús prometió. Él dijo que *"nada les podrá hacer daño"* si pisoteamos al enemigo. Las palabras de Jesús claramente tienen más peso que la enseñanza tradicional sobre la guerra espiritual. Desde entonces, hemos estado enseñando y permaneciendo firmes en lo que Jesús nos prometió, y empezamos a hacer más liberaciones en un fin de semana que las que solíamos hacer en todo un año.

No es que el enemigo no nos ataque, pero llevamos un escudo invisible de fe en el mundo espiritual que apaga todas las flechas de fuego del diablo (Efesios 6:16). Si nuestra fe radica en lo que Jesús nos prometió, entonces esa fe se convierte en un escudo en el ámbito espiritual. Y si el diablo decide devolver el ataque en venganza, el escudo de la fe detendrá ese ataque. Ahora bien, esto no quiere decir que no te vaya a pasar algo malo caminando en autoridad.

Lo que estoy diciendo es que no debemos tener miedo de ejercer la autoridad de Jesús, anticipando que el diablo devuelva el fuego y nos hiera con sus disparos.

Otro concepto erróneo que me gustaría aclarar es la idea de que si oras por la liberación de alguien, los demonios pueden entrar en ti si no estás caminando con Dios. Primero que todo, si hay una puerta abierta al pecado en tu vida, el diablo no necesita esperar hasta que veas a alguien siendo liberado para aprovechar la puerta abierta que tu pecado ha proporcionado.

En segundo lugar, si durante la liberación los demonios son removidos de una sola persona para ir a la siguiente persona en la habitación, ¿ocurre lo mismo durante el arrepentimiento del pecado? ¿Acaso los pecados son transferidos de un pecador arrepintiéndose en el altar, a algún creyente en la misma iglesia? ¿Qué sucede durante la sanación? ¿La enfermedad de la que una persona se cura pasa rápidamente a otra? ¡Eso no es cierto! Las Escrituras no apoyan ese concepto.

Detrás de todos estos falsos conceptos está el enemigo que intenta infundir temor en el pueblo de Dios para evitar que caminen en la autoridad que tienen en Cristo. Permanecer en la voluntad de Dios es el lugar más seguro de la tierra. Predicar el evangelio, sanar a los enfermos y expulsar demonios es lo que todos deberíamos estar haciendo. Ahí es donde está la protección de Dios, y los demonios lo saben.

Ahora es tiempo de que reconozcamos la autoridad y protección de Dios y que actuemos con audacia. Nuestro Dios tiene un mejor plan de protección que Geico, el cual puede ahorrarte un quince por ciento o más en tu seguro, pero el plan de Dios tiene una cobertura de protección totalmente pagada por la sangre de Jesús.

Lidiando con un Diablo Derrotado

Estamos luchando contra un enemigo derrotado. Nuestro enemigo con todos sus demonios ha sido arrojado del cielo después de haber sido derrotado allí. Apocalipsis 12:7-12 dice: *"...Junto con sus ángeles, fue arrojado a la tierra... Porque ha sido expulsado el acusador de nuestros hermanos... Ellos lo han vencido por medio de la sangre del Cordero y por el mensaje del cual dieron testimonio"*. Después de la caída, Dios prometió que la simiente de la mujer aplastaría la cabeza de la serpiente (Génesis 3:15).

Jesús enfrentó al diablo en el desierto y lo derrotó allí, pero el golpe supremo lo dio Jesús cuando murió en la cruz y resucitó victoriosamente de entre los muertos. Esta es una de las razones por las que el Hijo unigénito de Dios tuvo que hacerse hombre; porque era la descendencia de la mujer que aplastaría a Satanás. Jesús, *"Desarmó a los poderes y a las potestades, y por medio de Cristo los humilló en público al exhibirlos en su desfile triunfal"* (Colosenses 2:15). ¡Pero eso no es todo! A la iglesia se le ha dado la autoridad para continuar destruyendo las obras del diablo en la tierra. Cada vez que se predica el evangelio, los enfermos son sanados, los oprimidos son liberados, se asesta otro golpe al enemigo. También se nos promete que llegará el día en que el diablo será atado y arrojado al infierno, y por último al lago de fuego donde pasará la eternidad.

Para caminar en autoridad, debemos entender el pasado, presente y futuro de nuestro enemigo. Sí, es astuto, táctico, inteligente y poderoso. Pero también está vencido y ha sido desarmado por Jesucristo. Por eso no luchamos por la victoria; luchamos desde la posición de victoria. En el famoso pasaje sobre la guerra espiritual, Pablo dice que se pongan *"toda la armadura de Dios para que cuando llegue el día malo puedan resistir hasta el fin con firmeza"* (Efesios 6:11, 13).

La meta de nuestra armadura espiritual no es obtener la victoria, sino permanecer firmes en la victoria que ya ha sido ganada por nosotros. Pablo está escribiendo a los creyentes que no están tratando de obtener la victoria vistiéndose con una armadura espiritual, sino que están parados en la victoria que ya es suya en Cristo Jesús. Permanece en la victoria de Cristo. Ponte la armadura de Dios para que puedas pararte en lo que Jesús ya ha ganado para ti. El diablo será derrotado una y otra vez a medida que vayamos de gloria en gloria, de victoria en victoria.

Por eso el apóstol Pablo nos llama más que vencedores (Romanos 8:37). Un conquistador tiene la victoria después de una batalla. Mantenemos esa posición de victoria porque tenemos dominio sobre el enemigo; por lo tanto, somos más que vencedores. Jesús derrotó al diablo, y debido a que estamos conectados con Él, participamos de esa autoridad.

Como la reina Ester que tenía la autoridad por su relación con su rey, así andemos con confianza porque el Rey de reyes tiene toda la autoridad y es nuestro Esposo. Nuestra autoridad y dominio están directamente conectados a nuestra identidad como hijos de Dios y esposa de Cristo.

Las Partes que el Diablo No Controla

Cuando Jesús llegó a la región de los gadarenos después de vencer la feroz tormenta en el mar, se encontró con un hombre endemoniado que tenía una legión de demonios que lo hacían morar entre las tumbas. El hombre desnudo exhibía una fuerza tan sobrenatural que nadie podía atarlo. Gritaba y se cortaba con piedras. Este hombre estaba completamente poseído.

Lo que encuentro interesante es que este hombre poseído por un demonio se acercó desesperadamente a Jesús. *"Cuando vio a Jesús desde lejos, corrió y se postró delante de él"* (Marcos 5:6). ¡Imagina eso! Corrió y adoró a Jesús incluso cuando estaba poseído por demonios.

No tienes que saber mucho acerca de los demonios para saber que nunca hacen que las personas corran hacia Jesús para adorarlo. En realidad, trabajan para alejar a la gente de Dios. Muchas personas que han sido liberadas testifican que los demonios les hicieron sentir un deseo fuerte de salir corriendo de un servicio de la iglesia o sentirse extremadamente incómodos alrededor de las personas de Dios. Si recuerdas el testimonio de Bob al comienzo de este capítulo, después de su salvación se sintió inquieto por las cosas de Dios. Los demonios trabajan duro para alejar a la gente de Dios y de la iglesia. Sin embargo, este hombre endemoniado corrió hacia Jesús y lo adoró.

Eso me dice que a pesar de el hecho de que el hombre tenía una multitud de demonios en él, todavía tenía la capacidad de elegir correr hacia Jesús y adorarlo. Eso hizo que Jesús dirigiera Su atención a este ser humano desesperado y lo liberara. Aunque los demonios controlaban gran parte de él, la parte que no controlaban resultó ser más poderosa que las partes que sí controlaban. Este hombre no había nacido de nuevo. No tenía al Espíritu Santo para ayudarlo; pero su voluntad humana, lo que quedaba de ella, era más poderosa que los demonios que habitaban en él. Aunque su fuerza de voluntad humana no pudo liberarlo, lo llevó a Alguien que sí pudo liberarlo.

Si un hombre que tiene mil demonios puede correr hacia Jesús y adorarlo, amigo mío, tú también puedes. No le des a los demonios más poder del que realmente tienen, creyendo la mentira del diablo de que los demonios son más fuertes que tu fuerza de voluntad. Incluso si te sientes oprimido y algunas partes de tu vida todavía están controladas por el enemigo, recuerda, la parte de tu vida sobre la cual el diablo no tiene control es tu voluntad.

Por lo tanto, tu voluntad es mucho más poderosa que las partes que el diablo domina. Entonces, corre a Jesús, adóralo y observa lo que Él hará.

La Lucha es Real

A diferencia del hombre poseído por un demonio que corrió hacia Jesús para adorarlo, tú eres un hijo de Dios nacido de nuevo y lleno del Espíritu. *"...han vencido a esos falsos profetas, porque el que está en ustedes es más poderoso que el que está en el mundo"* (1 Juan 4:4).

Lázaro era amigo de Jesús. Se enfermó gravemente y murió. Cuando murió, lo ataron de pies y manos con tiras de tela y le vendaron la cara con otra tela. Jesús llegó a la tumba, y después de quitar la piedra, gritó: *"¡Lázaro, ven fuera!"* (Juan 11:43). La orden de Jesús le devolvió la vida. ¡Fue resucitado de entre los muertos! ¡Este es un gran milagro! ¿No estarías de acuerdo? Si alguien resucita de entre los muertos después de cuatro días, sí que es un milagro extraordinario. Pero es aún un milagro más grande el ser resucitado a la vida después de haber sido envuelto en mortaja.

La resurrección es mucho más importante que las vendas de entierro. Todos los que vieron a Lázaro vivo después de muerto no se enfocaron en su ropa o en el hecho de que le costó salir de la tumba porque estaba sujeto por la ropa. Estaban extremadamente felices y emocionados de que estuviera vivo. Jesús lo logró. Le dio vida a un hombre muerto. Amigo, cuando fuiste salvo, eso mismo hizo Jesús. Él no vino a la tierra para hacer que la gente mala se volviera buena; Jesús vino a resucitar a los muertos. Una resurrección espiritual sucedió cuando fuiste salvo. El cielo hizo una fiesta. Los ángeles estaban llenos de alegría por el milagro de tu nuevo nacimiento.

Pero al igual que Lázaro, tu resurrección espiritual probablemente vino acompañada de algunas vendas de entierro que te ataban las manos y/o los pies. Tal vez después de tu salvación notaste rápidamente que este asombroso milagro de salvación no eliminó ciertos malos hábitos, adicciones o cadenas. *"El muerto salió, con vendas en las manos y en los pies, y el rostro cubierto con un sudario. —Quítenle las vendas y dejen que se vaya —les dijo Jesús"* (Juan 11:44). Desde la perspectiva de Jesús, el hecho de que Lázaro volviera a la vida fue un gran hecho. Pero ponte en el lugar de Lázaro. Era difícil levantarse estando atado de pies y manos. Lázaro solo podía pensar en las vendas de entierro. Nadie vino a sacarlo de la tumba. Tuvo que salir cojeando solo, y debo añadir que con mucho esfuerzo. ¿Cómo lo sé? Muchas veces he predicado sermones ilustrados sobre este acontecimiento. Para ello, ataba a una persona de pies y manos al escenario y le cubría la cara con cinta adhesiva. Luego, ponía a esa persona en una tienda de campaña sobre el escenario. Después, le pedía que se levantara y saliera al escenario. Es una lucha real. La persona que está viva pero atada tiene que luchar desesperadamente para salir de su tumba. Mientras todo el mundo celebra que está vivo, esa persona no siente que haya conseguido una gran victoria. Es difícil salir de la tumba estando atado.

Por eso estoy aquí para recordarte que tu resurrección espiritual es más importante que tus trapos espirituales. El perdón del pecado es el regalo más grande en comparación a la libertad del cautiverio. Puedes ir al cielo con un poco de cautiverio, pero no puedes ir al cielo sin el perdón del pecado. El milagro más grande no es la liberación sino la salvación. Por eso Jesús dijo: *"Sin embargo, no se alegren de que puedan someter a los espíritus, sino alégrense de que sus nombres están escritos en el cielo"* (Lucas 10:20).

Tu resurrección es más poderosa que tus andrajos. Amigo mío, tu autoridad espiritual es mayor que cualquier acceso que el enemigo pueda tener sobre ti. No dejes que tus vendas de entierro te impidan salir de la tumba. A Lázaro se le ordenó salir de la tumba mientras todavía estaba atado. ¿Fue fácil? ¡No! Pero lo hizo.

Fue mientras Lázaro salía que Jesús envió a otros para que lo desataran de sus vendas. Rodéate de personas que te ayuden a lidiar con las vendas de entierro. A veces esperamos a que Dios envíe a alguien que nos desate antes de salir de nuestra tumba. Pero no, eres tú quien debe tomar la decisión de abandonar tu tumba de relaciones tóxicas y de lugares donde estás tentado a volver a caer en viejos pecados o mentalidades que has adoptado, y que no están de acuerdo con la Palabra de Dios.

Si quieres que Dios envíe a alguien para que te quite las vendas, sal de tu tumba espiritual cuando Jesús te llame. La tumba espiritual es donde viven los muertos. Una tumba espiritual es un lugar donde se reúnen personas espiritualmente muertas. Incluyen los programas de televisión que ven los muertos; esos sitios web nocivos a los que van los muertos. Una tumba es un lugar para los muertos.

En este momento, tienes más poder en Jesucristo de lo que probablemente te das cuenta. Eres más fuerte de lo que crees. El mismo poder que levantó a Jesús de entre los muertos vive en ti. Con ese poder, puedes expulsar demonios y ser liberado de cualquier cadena que el adversario te haya puesto.

Pensamientos para Compartir

Usa los hashtags #fightbackbook #pastorvlad

La autoridad del creyente es mayor que el acceso del enemigo.

Geico (compañía de seguro de autos) puede ahorrarte un quince por ciento o más en tu seguro, pero Dios ofrece una cobertura de protección total, pagada con la sangre de Jesús.

La meta de nuestra armadura espiritual no es obtener la victoria, sino permanecer firmes en la victoria que ya ha sido ganada por nosotros.

La parte de tu vida sobre la cual el diablo no tiene control, es mucho más poderosa que las partes sobre las que sí lo tiene.

Cada conquistador obtiene la victoria después de una batalla. Pero nosotros tenemos la victoria antes de la batalla.

No dejes que tus vendas te impidan salir de la tumba.

Si quieres que Dios envíe a alguien a quitarte las vendas, entonces sal de la tumba.

CAPÍTULO 3
Nuestras Armas

Paulius nació y se crió en un hogar católico romano en una pequeña ciudad de Lituania. Como adulto joven, se dio cuenta de que no quería pasar el resto de su vida en su ciudad natal, así que estudió mucho con la esperanza de mudarse a una ciudad más grande para ir a la universidad. Se le ofreció la oportunidad de estudiar arte y cultura, conocer gente nueva y viajar a distintos países. Con el pasar del tiempo, Paulius y sus nuevos amigos comenzaron a buscar la diversión, se dieron a la bebida, consumían drogas casi todas las noches y vivían inmoralmente. Paulius ni siquiera se dio cuenta de que todo en su vida se había descontrolando y comenzó a deprimirse tanto que se fue perdiendo a sí mismo. Cayó en el pozo sin fondo de la depresión. Sentía que tenía todo lo que podía desear en la vida, pero aún así se sentía miserable y vacío.

Poco después, uno de sus amigos lo introdujo a la espiritualidad demoníaca y la meditación como medios para terminar con su depresión. Paulius comenzó a asistir a un curso de yoga en el que practicaba la meditación "kundalini". Todos los que asistieron a estos cursos parecían felices y él quería probar cualquier cosa que pudiera mejorar su vida. Le enseñaron que él era su propio maestro y que debía esforzarse por alcanzar la iluminación. Pronto tuvo experiencias extracorporales y comenzó a buscar radicalmente la verdad en el mundo oscuro. Durante los siguientes dos años en su búsqueda por la verdad, Paulius obtuvo acceso al misticismo oriental, el hinduismo, el chamanismo, la astrología, los psíquicos, los cristales, los psicodélicos y cualquier otra cosa que puedas imaginar. Fue a la India a meditar con los monjes. Negó su cuerpo con ayuno constante. Fue fuertemente influenciado por todas esas religiones y prácticas. Mientras trataba de separarse de este mundo, seguía sintiéndose infeliz, insatisfecho, nunca en paz, además que su depresión iba y venía como una montaña rusa.

Llegó un momento crítico en el que Paulius vivió una experiencia casi mortal haciendo un ayuno de treinta días a base de jugos, con la esperanza de iluminarse más, pero esto solo le abrió los ojos a lo exhausto que se encontraba espiritual, emocional y físicamente. Estuvo en cama recuperándose durante semanas, y de repente encontró en su cuarto el diario de un hombre cristiano. El libro de principio a fin hablaba de una poderosa oración: "Señor Jesucristo, ten piedad de mí". El tiempo se detuvo mientras repetía esta oración una y otra vez en su corazón. Como nunca antes hubo una paz sobrenatural que lo envolvió y empezó a llorar. No podía dejar de orar, llorar y pedir perdón a Dios. En ese momento sintió que la nube de oscuridad y depresión que lo había rodeado y seguido toda su vida, se esfumó de la habitación. Por primera vez, sintió la presencia tangible de Dios, el amor perfecto y una invitación a una vida nueva. Se dio cuenta de lo equivocado e indigno que era.

Paulius no sabía nada acerca de la iglesia aparte de aquella en la que fue criado, ni sabía de la comunidad cristiana. Comenzó a orar en su habitación esa misma oración día tras día. Durante los siguientes tres meses, el Señor le mostró todos sus pecados y sus respectivas consecuencias. *"Su bondad quiere llevarte al arrepentimiento"* (Romanos 2:4). Se arrepintió y los demonios que se habían estado manifestando en su vida de antes lo abandonaron. Aunque no entendía lo que estaba pasando durante estas visitas, el Señor siempre le trajo una paz sublime. Dios gradualmente comenzó a abrir puertas en su vida y le trajo la presencia de otros creyentes. Se unió a un grupo en casa y recibió el bautismo del Espíritu Santo. La liberación para Paulius fue un proceso gradual mientras Dios le enseñaba a caminar en libertad.

Más adelante, Paulius vino al programa de pasantías Hungry Generation en Pasco, Washington, donde aprendió a caminar en victoria y a traer esperanza y salvación a otros. Hoy, él está compartiendo el mensaje de Jesucristo con otros en Europa, viéndolos ser salvos, sanados y liberados.

Mi amigo Paulius se liberó sobrenaturalmente por sí mismo invocando el nombre de Jesús y orando en arrepentimiento. Él no es el único, pues muchos otros también han experimentado lo que yo llamo "auto-liberación".

La autoliberación es la libertad que experimentas por ti mismo sin que nadie ore por ti. Ya sea si alguien ora por ti o si tú oras a Dios por ti mismo, debes entender que el poder no está en nosotros, sino está en Dios.

El Mundo Espiritual es
Operado en Formas Espirituales

La guerra espiritual se pelea con armas espirituales. Cuando Ester se enteró del complot de Amán contra el pueblo judío, su primera reacción fue ayunar y orar. Políticamente estaba muy bien conectada. Ester tenía amigos poderosos. Tenía una posición muy alta en la nación. Estoy seguro de que tenía una gran riqueza. Ella era hábil. Pero su primer acto no fue físico ni político, sino espiritual. Pidió a todos que ayunaran por ella cuando ella comenzó a ayunar y orar. *"Ester le envió a Mardoqueo esta respuesta: Ve y reúne a todos los judíos que están en Susa, para que ayunen por mí. Durante tres días no coman ni beban, ni de día ni de noche. Yo, por mi parte, ayunaré con mis doncellas al igual que ustedes. Cuando cumpla con esto, me presentaré ante el rey, por más que vaya en contra de la ley. ¡Y, si perezco, que perezca!"* (Ester 4:14).

La reina Ester entendió que detrás del complot de Amán habían fuerzas espirituales que no podían ser derrotadas por medios naturales. Ester no dependió de sus conexiones políticas sino de sus conexiones espirituales. Mediante el ayuno, todas las fuerzas espirituales que controlaban a Amán fueron sometidas, y se abrió un camino para que Ester viera la victoria en el ámbito natural.

Si tu problema es físico, puede ser tratado físicamente, pero si las raíces de ese problema son espirituales, ¡tienen que ser tratadas espiritualmente! Si la enfermedad es solo física, la medicina puede curarla; pero si detrás de la enfermedad hay fuerzas espirituales, la medicina será ineficaz para sanarla. Vemos esto evidenciado en el ministerio de sanidad de Jesús, donde en la mayoría de los casos Él sanaba a una persona enferma al expulsar un demonio. Los problemas físicos a veces pueden tener profundas raíces espirituales. Esas raíces solo pueden eliminarse por medios espirituales. Ester discernió que un ataque contra su pueblo era espiritual en su naturaleza; por lo tanto, tendría que ser combatido primero dentro del mundo espiritual por medio de la oración y el ayuno.

Es un gran error tratar los problemas solamente en el mundo natural cuando tienes acceso completo a las armas espirituales. Los cristianos somos personas espirituales y debemos actuar como tales. El mundo en el que vivimos es más espiritual de lo que nos damos cuenta. Ya sea que queramos admitirlo o no, siempre somos parte de la guerra espiritual. Debemos participar en la guerra espiritual usando armas espirituales y caminando con nuestra armadura espiritual puesta. Una vez que veamos la victoria en el mundo espiritual, será más fácil asegurar esa victoria en el ámbito natural. Ester acudió al rey en busca de una solución solo después de haber ayunado durante tres días. El tiempo era esencial, pero ella sabía que sin ayunar, todos sus intentos en el palacio serían inútiles. La guerra espiritual se enfrenta de manera espiritual.

El Arma de la Oración

La oración es un arma para disponible en tu guerra espiritual, pero la guerra también es necesaria durante tu oración. En el capítulo sobre la guerra espiritual en la Biblia, Pablo dijo: *"Oren en el Espíritu en todo momento, con peticiones y ruegos. Manténganse alerta y perseveren en oración por todos los santos"* (Efesios 6:18).

La oración es un arma, pero también es un campo de batalla. El ayuno junto con la oración fue el arma que Ester usó para reclamar la victoria en el mundo espiritual. Esta arma le pertenece a todo cristiano. La oración "en el nombre de Jesús" tiene un poder dinámico en el ámbito espiritual. Cuando expulso demonios, a menudo oigo a los demonios gritar lo mucho que odian la oración y como la oración quema su reino. La oración puede traer liberación. *"En su angustia clamaron al Señor, y él los libró de su aflicción"* (Salmo 107:6).

Algunos experimentan la liberación al pasar por una fila de oración, otros a través de una vida de oración personal. Cuando digo "fila de oración" me refiero a cuando un ministro ora por ti; "vida de oración" significa cuando tú oras por ti mismo. No subestimes el poder de tu propia arma espiritual, la oración. La oración mezclada con humildad, fe y un clamor sincero a Dios puede hacer maravillas en el mundo espiritual.

Lleva la Batalla al Reino Espiritual

Recientemente, vi un video en YouTube de un águila luchando contra una serpiente en el aire. El águila no lucha en el suelo. De otra forma, no tendría ninguna posibilidad de luchar con una serpiente. Las serpientes dominan el suelo, pero las águilas dominan el aire. El águila llevó a la serpiente a las alturas y la volteó en el aire. Su estrategia de dominio sobre la serpiente cambió todo. Hay que entender que las serpientes no tienen defensa, ni equilibrio, ni fuerza para atacar en el aire. En el suelo, las serpientes son poderosas y letales, pero en el aire son débiles, inútiles y vulnerables. Tu enemigo es la serpiente; tu eres el águila. Lleva tu batalla a la zona de oración y el enemigo será derrotado. No luches contra el enemigo en su zona de confort; cambia el campo de batalla como lo hizo el águila, y deja que Dios te traiga la victoria a través de la oración. La guerra espiritual se gana de manera espiritual.

En la primera batalla registrada contra los amalecitas, Josué fue a luchar contra ellos físicamente, pero Moisés subió a la montaña para luchar espiritualmente contra ellos. *"Mientras Moisés mantenía los brazos en alto, la batalla se inclinaba en favor de los israelitas; pero, cuando los bajaba, se inclinaba en favor de los amalecitas"* (Éxodo 17:11).

Ester siguió este patrón en su conquista. Llevó la batalla al ámbito espiritual y allí reclamó la victoria a través del ayuno y la oración. No estaba sola, como tampoco lo estaba Josué. Moisés apoyó a Josué y todos los judíos apoyaron a Ester en el ayuno.

Los Cristianos Sin Oración son Cristianos Impotentes

Tu adversario es espiritual, así también como lo son tus armas. Tu enemigo es mortal, pero también lo son tus armas. Tu arma es la oración. Pedro, un discípulo de Jesús, no usó esta arma en su tiempo de guerra. *"Dijo también el Señor: Simón, Simón, he aquí Satanás os ha pedido para zarandearos como a trigo; pero yo he rogado por ti, que tu fe no falte; y tú, una vez vuelto, confirma a tus hermanos"* (Lucas 22:31-32 RVR 1960). Me parece interesante que en este pasaje, Jesús se refiere a Pedro por su antiguo nombre Simón, el nombre que Jesús había cambiado tres años antes (Juan 1:42-43). Durante la última cena, Jesús le advirtió a Pedro que Satanás había preguntado por él, pero Jesús oró por Pedro. No mucho después, en el Huerto de Getsemaní, Jesús invitó a Pedro a velar y a orar con Él para que no caiga en tentación. Pero Pedro optó por no orar, por no utilizar su arma espiritual, y el enemigo obtuvo la ventaja aquella noche.

Los cristianos que oran son cristianos poderosos. Los cristianos que no oran son cristianos impotentes. La oración es indispensable para hacer frente a la guerra espiritual que constantemente se lleva a cabo en el reino espiritual invisible. Si no oramos, regresaremos a nuestros viejos patrones. Satanás tiene ventaja sobre los santos que duermen espiritualmente; él puede someterlos. ¡Santos, es hora de despertar de su sueño espiritual y levantarse en su autoridad espiritual! No veas a la oración como tu último recurso, sino como la primera respuesta a cada desafío que se te presenta. Lleva tus batallas al reino espiritual por medio de la oración.

El Arma del Ayuno

Quiero resaltar el poder que se libera a través del ayuno. Es una de las armas que utilizó la reina Ester. Todas las personas importantes en la Biblia practicaron el ayuno: Moisés, David, Elías, Ester, Daniel, Ana, Pablo y Jesús, solo por nombrar algunos. Cuando Jesús enseñó sobre el ayuno, Él dijo: "Cuando ayunes", no "si ayunas". Él asumió que todos ayunaríamos.

Fuimos creados para practicar el ayuno. Piénsalo: si duermes ocho horas todas las noches, entonces estás durmiendo un tercio de tu vida. Si vives unos setenta y cinco años, son veinticinco años de sueño o 9,125 días. Cuando duermes, estás ayunando y es por eso que la comida de la mañana se llama "desayuno" – es cuando rompes tu ayuno.

El ayuno espiritual es simplemente abstenerse de comer por razones espirituales.

El ayuno es la forma bíblica de humillarnos (Salmos 35:13; 69:10). El ayuno nos ayuda a superar las calamidades de la vida. Por ejemplo, Esdras ayunó por protección

(Esdras 8:21-28). El rey Josafat ayunó cuando los ejércitos confederados de los cananeos y los sirios invadieron Israel (2 Crónicas 20:3).

El ayuno también nos despierta el hambre por Dios. Cuando ayunamos, recuperamos nuestra hambre por la presencia de Dios.

Otro beneficio del ayuno es que nos empodera para cumplir el llamado de Dios en nuestra vida. La mayoría de la gente en el Antiguo Testamento ayunaba durante crisis. Debemos ayunar no solo a causa de los problemas, sino también con un propósito. Ana ayunaba constantemente por la venida de la redención de Israel (Lucas 2:37). No esperes a que surjan los problemas para ayunar, pero tambien ayuna durante los problemas. Esta es una buena manera de humillarnos ante Dios. El ayuno debe ser un estilo de vida normal.

Una razón más para ayunar es para la conquista espiritual.

"No tengas miedo, Daniel. Tu petición fue escuchada desde el primer día en que te propusiste ganar entendimiento y humillarte ante tu Dios. En respuesta a ella estoy aquí. Durante veintiún días el príncipe de Persia se me opuso, así que acudió en mi ayuda Miguel, uno de los príncipes de primer rango. Y me quedé allí, con los reyes de Persia" (Daniel 10:12-13).

Mediante el ayuno, Daniel se propuso humillarse ante Dios. Así Dios envió a un ángel en el momento en que Daniel se dispuso a humillarse, pero había un conflicto serio en el mundo espiritual. Las fuerzas espirituales que dominan los reinos y territorios físicos no querían que él recibiera su respuesta a la oración. No obstante, Daniel no se dio por vencido. Dios envió más ángeles y finalmente, llegó la respuesta a la oración de Daniel, veintiún días después. La mayoría de nosotros no estamos peleando una guerra espiritual a nivel de importancia nacional, pero las mismas armas que los grandes hombres de Dios usaron en la Biblia también están disponibles para nosotros. Se trata de humillarnos ante Dios en ayuno. Ya sea que estés buscando liberación o quieras caminar en victoria todos los días, desarrolla un estilo de vida de ayuno. El ayuno no mueve a Dios; simplemente nos lleva a Su reino espiritual.

Cuando me encontraba preso a causa de la pornografía, me humillé ante Dios ayunando. Dios me extendió Su gracia y me liberó. Hoy, junto con nuestra iglesia Hungry Generation, ayunamos tres días cada mes como un estilo de vida, porque tenemos un llamado que cumplir, calamidades que superar, enemigos espirituales que conquistar y nuestra conexión personal con Dios que mantener. Cuando comprendes que el mundo invisible que nos rodea es espiritual, la oración se vuelve absolutamente vital. Cuando te das cuenta de que existe un conflicto espiritual constante, el ayuno debe convertirse en un hábito regular. El enemigo espiritual siempre está buscando formas de "robar, matar o destruir" el gozo de vida que Dios te ha dado (Juan 10:10). El ayuno y la oración son las armas vitales que debes usar para ganar victorias. En lugar de simplemente lidiar con los síntomas de los problemas, usa estas poderosas herramientas para eliminar la raíz de tus problemas y conflictos espirituales. No te limites a tratar los síntomas; elimina las raíces.

El Poder del Nombre de Jesús

Otra poderosa arma espiritual es el "Nombre de Jesús". *"Torre fuerte es el nombre de Jehová; A él correrá el justo, y será levantado"* (Proverbios 18:10). El nombre del Señor no solo es una poderosa torre de defensa, sino que también es como nuestra contraseña espiritual en oración. Jesús instruyó a sus seguidores a orar al Padre en "Su nombre" (Juan 16:23).

En nuestra iglesia, a veces, los líderes de nuestro equipo o los voluntarios usan mi nombre para hacer diferentes tareas. Por ejemplo, pueden ir a la cafetería de la iglesia y decir: "Vlad dijo que tomáramos un café" y el barista de la cafetería satisfará lo que soliciten porque sería como si yo mismo lo pidiera. He oído a la gente decir: "avanzamos más eficientemente cuando usamos tu nombre porque la gente te respeta y te honra". Tal vez, es por eso que Jesús dijo que viniéramos al Padre en Su nombre, como si fuera Jesús quien pidiera. Se libera el poder cuando oras en el nombre de Jesús.

Somos salvos por Su nombre, *"porque no hay bajo el cielo otro nombre dado a los hombres mediante el cual podamos ser salvos"* (Hechos 4:12). También somos bautizados en

Su nombre (Hechos 2:38). Milagros, señales y prodigios se hacen en su nombre poderoso (Hechos 4:13-17).

Cuando el joven David luchaba contra Goliat, decía con orgullo que se enfrentaba al gigante no con armas físicas, sino con el nombre de su Dios. *"Tú vienes contra mí con espada, lanza y jabalina, pero yo vengo a ti en el nombre del Señor Todopoderoso, el Dios de los ejércitos de Israel, a quien has desafiado"* (1 Samuel 17:45). El joven David sabía que el nombre del Señor es un arma espiritual poderosa en el reino espiritual. El oscuro mundo espiritual conoce el poder y la autoridad del nombre de Jesús y tiembla. *"En mi nombre"*, dijo Jesús, *"expulsarán demonios; hablarán nuevas lenguas"* (Marcos 16:17). Toda esa autoridad espiritual dinámica está en el nombre de nuestro Señor Jesucristo. *"el que cree en mí las obras que Yo hago también él las hará, y aun las hará mayores… Cualquier cosa que ustedes pidan en mi nombre, yo la haré; así será glorificado el Padre…"* (Juan 14:12-13). Su nombre es un arma poderosa porque representa todo lo que Jesús logró tanto en el ámbito natural aquí en la tierra como en el mundo espiritual. Cuando declaras "el nombre de Jesús" con fe, es como si el mismo Jesús estuviera sanando a los enfermos, echando fuera demonios y resucitando a los muertos. *"Por eso Dios lo exaltó hasta lo sumo y le otorgó el nombre que está sobre todo nombre, para que ante el nombre de Jesús se doble toda rodilla"* (Filipenses 2:9-10).

Una de mis primeras experiencias declarando el poder del nombre de Jesús fue cuando era pastor de jóvenes a los 20 años. Un joven vino a nuestro grupo de jóvenes, y durante el tiempo de adoración, se cayó al suelo. Asistieron a la reunión los ancianos de la iglesia, así que después de el culto, lo rodeamos y comenzamos a orar. Yo estaba un poco confundido, sin saber si era una manifestación del Espíritu Santo o de demonios, o tal vez simplemente se desmayó. Después de cinco minutos de oración, demonios violentos comenzaron a manifestarse a través de él. Era bastante obvio que no fue el Espíritu Santo o un problema físico lo que lo hizo caer. Oramos por él durante aproximadamente una hora, gritando para que el demonio saliera de él. Algo salió, pero no estaba completamente liberado.

En nuestros primeros días de ministerio, nuestro conocimiento y experiencia acerca de la liberación eran muy limitados. Así que dejamos de orar y le dijimos que ayunaríamos y oraríamos por él durante los tres días siguientes, y que volveríamos a orar con él unos días después. Me pusieron a cargo de llevarlo a casa. Conduje con él unos veinte minutos (para la zona de Tri-Cities, conducir veinte minutos es mucho) en el pequeño Toyota Corolla rojo de mi padre. El joven vivía muy lejos de la ciudad, en un lugar donde no había alumbrado público y apenas había cobertura telefónica. Era de noche y solo íbamos los dos en el coche. Físicamente, él era mucho más grande que yo. Al ver mi celular, vi que no había cobertura. Fue escalofriante y francamente aterrador. De la nada, el joven empezó a gruñir y a comportarse violentamente mientras yo conducía el coche por la carretera, totalmente a oscuras y sin cobertura móvil. Ahora me doy cuenta de que no fue inteligente de mi parte llevarlo solo a su casa.

Con el miedo que me invadía mientras me aferraba firmemente al volante, hice lo que sabía que debía hacer, aunque no contaba con la presencia de los ancianos y/o pastores de la iglesia. Empecé a gritar con autoridad: "¡En el nombre de Jesús, te ordeno demonio, suelta a este hombre!". Pocos segundos después, volvió a su normalidad e incluso la atmósfera en el coche cambió. Él era grande, estaba oscuro y daba miedo. Yo estaba solo pero no importaba; el nombre de Jesús es un arma poderosa. Por favor entiende bien, el nombre de Jesús no es una palabra mágica.

El libro de los Hechos nos cuenta la historia de los hijos de un sacerdote, Esceva, que trataron de expulsar demonios usando el nombre de Jesús sin conocer personalmente a Jesús, y fracasaron (Hechos 19:11-20). Creer en el Señor y seguirlo nos da el poder para usar Su nombre con un efecto poderoso.

El Poder de la Sangre

"Ellos lo han vencido por medio de la sangre del Cordero y por el mensaje del cual dieron testimonio" (Apocalipsis 12:11). La sangre del Cordero tiene un poder que hace maravillas. La sangre fluye a través de la Biblia al igual que fluye por nuestras venas. Si cortas la Biblia, sangrará; es un libro que sangra. La sangre se menciona más de trescientas

veces en el Antiguo Testamento y cuarenta y tres veces en el Nuevo Testamento.

Sabemos por nuestros libros escolares que nuestro cuerpo está compuesto de cinco a siete por ciento de sangre. La sangre tiene siete funciones en el cuerpo: recibe nuestros desechos como un basurero; transfiere oxígeno por todo el cuerpo; transporta nutrientes; libera hormonas; mantiene el equilibrio de líquidos; hace circular el calor; y combate los microorganismos. Dios dijo: *"Porque la vida de la carne en la sangre está"* (Levítico 17:11 RVR1960). Así como la sangre física en nuestro cuerpo tiene muchas funciones, la sangre de Jesús tiene poder.

Por lo general, si sangre toca tu camisa, dejará una mancha, pero si recibes la sangre de Jesús en tu corazón, purificará tu corazón. La sangre de Jesús fue derramada *"para remisión de los pecados"* (Mateo 26:28 RVR1960); da vida a los que la consumen (Juan 6:53); nos hace permanecer en Cristo y Él en nosotros (Juan 6:56); y es el medio por el cual Jesús se ganó a la iglesia (Hechos 20:28).

Su sangre nos redime, justifica, salva, nos otorga el perdón de los pecados y nos trae la paz y la reconciliación con Dios. Su sangre limpia nuestra conciencia de obras muertas para que podamos servir a nuestro santo Dios; "cuánto más la sangre de Cristo... purificará nuestra conciencia" (Hebreos 9:14). La sangre de Jesús nos santifica y nos permite entrar con confianza en la santísima presencia de Dios: *"Así que, hermanos, mediante la sangre de Jesús,*

tenemos plena libertad para entrar en el Lugar Santísimo"
(Hebreos 10:19).

La Sangre Habla

La sangre de Jesucristo no solo nos salva y nos santifica, sino que también habla. La sangre tiene voz; habla. El
escritor de Hebreos dijo que hemos venido al Monte Sión
y *"a Jesús el Mediador del nuevo pacto, y a la sangre rociada
que habla mejor que la de Abel"* (Hebreos 12:24). La sangre
de Jesús habla de mejores cosas. Cuando Caín mató a su
hermano Abel, Dios vino y le preguntó: *"¿Qué has hecho? La
voz de la sangre de tu hermano clama a Mí desde la tierra"*
(Génesis 4:10 RVR1960). Dios maldijo a Caín en respuesta
al clamor de la sangre de su hermano desde la tierra. El
siguiente versículo dice: *"ahora quedarás bajo la maldición
de la tierra"* (Génesis 4:11). Dios toma la sangre en serio y
puede escuchar su voz. Así que, si la sangre de Abel clamó
y cayó una maldición sobre Caín, cuánto más la sangre de
Jesús clama cosas mejores, y en cambio te traerá bendiciones.
Has venido...*"a la sangre rociada que habla mejor que la de
Abel"* (Hebreos 12:24).

Puede que no te sientas poderoso como cristiano, pero
recuerda que la sangre de Jesús es tu fuente de poder. La
sangre de Jesús es limpia, perfecta, preciosa y poderosa: *"...y
la sangre de su hijo Jesucristo nos limpia de todo pecado"* (1
Juan 1:7; 1 Pedro 1:19; Apocalipsis 12:11). Aunque Jesús
es nuestro Pastor, Él murió como nuestro Cordero sac-
rificial. Bajo el antiguo pacto, la sangre de las ovejas solo

cubría los pecados de Israel, pero bajo el nuevo pacto de gracia, la sangre del Cordero quita la mancha del pecado. Juan el Bautista dijo: *"¡Aquí tienen al Cordero de Dios, que quita el pecado del mundo!"* (Juan 1:29). Alabado sea Dios por la sangre.

La Sangre Trae Liberación

Podemos ver que la sangre de Jesús tiene poder. Tu cuerpo usa glóbulos blancos para combatir las bacterias y los virus que lo invaden y lo enferman. La sangre en tu cuerpo es un arma contra todo tipo de enemigos. Y lo mismo se dice de la sangre de Jesús. Vencemos al diablo a través de la sangre. Así como nuestra sangre combate virus y bacterias, la sangre de Jesús vence a los demonios, al diablo y a la oscuridad espiritual. Esto fue bellamente ilustrado cuando el pueblo de Israel se preparaba para salir de Egipto. Aplicaron la sangre de un cordero en los postes de las puertas de sus casas, y esa noche el ángel de la muerte pasó por encima de sus hogares. A través de la sangre de un cordero inocente, experimentaron la Pascua. Esa fue la noche en que su liberación se hizo realidad. Las nueve plagas que trajeron trágicas calamidades para los egipcios, no trajeron la liberación a los judíos, pero este acto de derramar sangre rompió las garras del enemigo de una vez por todas.

Hay poder en la sangre. Créelo. Declara la sangre de Jesús sobre la entrada de tu casa, tu familia, tu propiedad, tu vecindario, tu comunidad, tu lugar de trabajo, etc. A través de tu confesión aplica la sangre de Jesús sobre los postes de tu corazón, mente y alma.

Toma la comunión regularmente para recordar el asombroso poder del nuevo pacto en el que estás. Yo animo a los enfermos a participar en la comunión diariamente durante sus devociones. Hay poder en la sangre de Cristo. El diablo ganó acceso a la humanidad por lo que comieron; comieron de el fruto prohibido. Comieron el fruto prohibido y salieron de el paraíso. De la misma manera, nosotros comemos para volver a la victoria. Entonces Jesús les dijo: *"Jesús les dijo: De cierto, de cierto os digo: Si no coméis la carne del Hijo del Hombre, y bebéis su sangre, no tenéis vida en vosotros. El que come mi carne y bebe mi sangre, tiene vida eterna; y yo le resucitaré en el día postrero. Porque mi carne es verdadera comida, y mi sangre es verdadera bebida. El que come mi carne y bebe mi sangre, en mí permanece, y yo en él"* (Juan 6:53-56 RVR1960).

Comer de Su carne y beber Su sangre a través de la comunión trae vida e invita a Su presencia a morar en nosotros, llevándonos a una conciencia permanente de Él. Si te falta la victoria en este momento y sientes que no hay vida en ti o sientes que te has alejado de tu paraíso espiritual, comienza a tomar la comunión durante tu tiempo devocional. Reflexiona en la muerte del Señor. Recuerda que te encuentras en el nuevo pacto.

Recuerdo que una de las liberaciones más difíciles que presencié, fue la de una chica que estaba poseída por un demonio, esto debido a un pacto de sangre que sus padres hicieron con el diablo cuando ella era una niña. Nuestros ujieres más fuertes no pudieron sujetarla. A veces, las maldiciones provocadas a través de un pacto de sangre con demonios son las más difíciles de expulsar. En el nombre de Jesús, ella fue liberada a través de el poder del Espíritu Santo porque el pacto de sangre de Jesús es infinitamente más poderoso que cualquier demonio. Cuando tomas la comunión, formas parte del pacto y activas todos los beneficios para que se manifiesten en tu vida.

Espada del Espíritu

En los Estados Unidos, el derecho a tener y portar armas es un derecho fundamental protegido por la Segunda Enmienda de la Constitución, parte de la Declaración de Derechos. Aunque no tengo un arma, muchos de mis amigos sí tienen. Los estadounidenses se toman las armas muy en serio. De hecho, Estados Unidos es el país número uno del mundo con la mayor cantidad de propietarios de armas. Hay más armas en los Estados Unidos que personas. Como escribe el periodista Christopher Ingraham del Washington Post: *"Con un estimado de 120.5 armas de fuego por cada 100 residentes, la tasa de propiedad de armas de fuego en los Estados Unidos es el doble que la siguiente nación más alta, Yemen, con solo 52.8 armas de fuego por cada 100 residentes*"[4]. La guerra en el mundo ha cambiado en cuanto se refiere a quién tiene los soldados más fuertes y quién tiene las mejores armas. De toda la armadura espiritual que Pablo menciona en Efesios capítulo seis, la espada es la única pieza ofensiva de la armadura que se usa con el propósito de atacar. El resto de las piezas de la armadura son para nuestra defensa personal, con el fin de permanecer firmes en la victoria que nos ha dado Jesús. *"Tomen el casco de la salvación y la espada del Espíritu, que es la palabra de Dios"* (Efesios 6:17). Esta espada del Espíritu es la Palabra de Dios. No se llama espada de Jesús ni espada del Padre sino del Espíritu Santo. Eso significa que la Palabra de Dios está fortalecida por el Espíritu Santo. El poder del Espíritu se libera por la Palabra de Dios.

Como ya mencioné anteriormente, la unción del Espíritu Santo trae liberación. Tú puedes experimentar la misma unción que fluye de la Palabra de Dios cuando la citas con fe. Puedes experimentar la autoliberación, como en el caso de Paulius. El Espíritu Santo no solo opera a través de ministros, sino que tú mismo puedes usar Su poderosa Palabra para lograr la liberación y el dominio. Todo creyente tiene acceso a esta poderosa arma.

---

4   Ingraham, Christopher. "Análisis | Hay más armas que personas en los Estados Unidos, según un nuevo estudio sobre la propiedad global de armas de fuego". The Washington Post, empresa WP, 19 de junio de 2018, www.washingtonpost.com/news/wonk/wp/2018/06/19/there-are-more-guns-than-people-in-the-united-states-according-to-a-new-study-of-global-firearm-ownership/.

Apuñalamiento Espiritual

La victoria sobre el adversario es posible haciendo uso de la espada. Jesús modeló esto para nosotros en el desierto. Jesús no usó Su propio nombre o su propia divinidad para derrotar al diablo. Jesús usó las Escrituras. Usó la espada de la Palabra de Dios. Y la espada obra cada vez, porque *"la palabra de Dios es viva y poderosa, y más cortante que cualquier espada de dos filos"* (Hebreos 4:12).

Es importante enfatizar que Jesús pronunció las Escrituras en voz alta contra el diablo. *"Jesús le respondió: Escrito está"* (Mateo 4:4). La mayoría de los ataques del diablo estarán en nuestra mente, pero tenemos que contraatacar con nuestra boca. Cuando Satanás te lanza flechas en la forma de tus pensamientos o sentimientos, no luches con "pensamientos". Abre tu boca y habla las Escrituras como lo hizo Jesús. La Palabra de Dios declarada de tu boca tiene el mismo poder que la Palabra de Dios de la boca de Jesús. Combatir pensamientos demoníacos con pensamientos humanos no te lleva a la victoria. Los ataques demoníacos se combaten con la espada, que es la Palabra de Dios que sale de tu boca.

Por eso Dios le dijo a Josué: *"Nunca se apartará de tu boca este Libro de la Ley, sino que de día y de noche meditarás en él, para que guardes y hagas conforme a todo lo que en él está escrito; porque entonces harás prosperar tu camino, y todo te saldrá bien"* (Josué 1:8 RVR1960). ¿Has notado que a Josué se le ordenó que las Escrituras salieran de su boca para que reforzaran su meditación? Tus palabras, alineadas con la Palabra de Dios, redirigen tu meditación y pensamientos personales. Cuando las Escrituras son habladas, obtienes la ventaja en la batalla. La promesa de Dios por hablar la Palabra con tu boca es que tus pensamientos se llenarán con una meditación en la Palabra de Dios y *"entonces harás prosperar tu camino, y todo te saldrá bien"*.

Lucha contra el enemigo espiritual con la espada del Espíritu Santo declarando la Palabra de Dios en voz alta. Puede sonar extraño e incluso se sentirá raro a un principio, pero recuerda, tus palabras son espadas en el reino espiritual. Están afectando al diablo incluso si no lo ves con tus ojos físicos. Cada vez que hablas las Escrituras estás apuñalando a Satanás. Eso es lo que está sucediendo en el reino espiritual. Después de un tiempo, el diablo huirá de ti como huyó de Jesús.

No Había Espada en las Manos de la Gente

Muchos cristianos dependen completamente de sus pastores para estudiar y aprender la Biblia. Aunque es cierto que los pastores y maestros estamos llamados a enseñar, no nos quita la responsabilidad de tener y usar nuestras propias espadas.

"Así aconteció que en el día de la batalla no se halló espada ni lanza en mano de ninguno del pueblo que estaba con Saúl y con Jonatán, excepto Saúl y Jonatán su hijo, que las tenían" (1 Samuel 13:22).

Me temo que hoy tenemos una situación similar en la iglesia. Saúl y Jonatán eran los únicos en Israel que tenían espadas. Saúl y Jonatán representan predicadores que estudian y predican la Palabra. Cuando el enemigo filisteo conquistó al pueblo de Israel, confiscó todas las armas que tenía el pueblo para evitar que se rebelara y se liberara.

En la mayor parte del mundo de hoy, no es ilegal tener una Biblia, pero el enemigo lucha con nosotros por nuestro tiempo personal para que no leamos, estudiemos, memoricemos, meditemos, confesemos y obedezcamos a la Biblia. El tiempo es un recurso valioso y Dios quiere que nos tomemos un "tiempo libre" todos los días para que Él pueda comunicarse con nosotros. Satanás no tiene ningún problema con que tengas una Biblia, siempre y cuando no la uses. Si no se usa una espada, es inútil, y pasa lo mismo con tu Biblia. Si se queda en el estante sin tocar y no está en tu corazón y boca, no te beneficia en nada.

Estás en una guerra. Es tiempo de tomar tu arma. Si eres dueño de un arma, probablemente vas al campo de tiro para practicar tiro al blanco. Pero el simple hecho de tener un arma no te convierte en un excelente tirador. Lo mismo ocurre con la Biblia. El hecho de que tengas una aplicación de la Biblia en tu móvil, no te prepara ni te equipa para usar la espada.

Comienza a leer la Biblia diariamente. Mateo 6:11 dice: *"Danos hoy nuestro pan cotidiano"*. Encuentra una traducción que sea fácil de leer y comprender. Si leer la Biblia te resulta difícil o incómodo durante el día, suscríbete a un plan en una aplicación bíblica. Échale un vistazo a la Palabra en el transcurso del día. Dios le pidió a Josué que "meditara día y noche", al menos dos veces al día.

Escucha la Palabra de Dios regularmente. *"La fe es por el oír, y el oír por la palabra de Dios"* (Romanos 10:17). Leer es muy importante, pero escuchar la Palabra de Dios es igualmente importante. La mayoría de las aplicaciones de la Biblia ahora te ofrecen versiones de audio gratuitas de la Biblia. Aprovecha la oportunidad de escuchar la Palabra de Dios.

Comienza a memorizar versículos de las Escrituras con regularidad. Durante los ataques espirituales del diablo, el Espíritu Santo puede traer a tu memoria solo los versículos que has puesto en tu "banco de memoria". Por lo tanto, esfuérzate en memorizar versículos.

Otra buena práctica es meditar en las Escrituras. A diferencia de las meditaciones demoníacas en las que la gente vacía su mente, nosotros meditamos llenando nuestra mente con la Palabra de Dios. La meditación es un tiempo dedicado a reflexionar y contemplar lo que Dios quiere decirnos. No te limites a leer pedacitos de la Biblia. Las galletas, los pasteles y los refrescos no te nutren. Toma grandes porciones de la Biblia para observar en su contexto lo que Dios quiere comunicarte.

Piensa en lo que has leído y visto y en cómo puedes aplicar el pasaje a tu vida diaria. Averigua cuáles son las virtudes que necesitas practicar. La fuerza de tu vida espiritual refleja la proporción exacta de cuánto ocupa la Palabra de Dios en tu corazón y tus pensamientos. No solo leas la Biblia; piensa en ella todo el día.

Utiliza la Palabra de Dios en tus oraciones. Me gusta citar las promesas de Dios en mi tiempo de oración. Eso hace que mis oraciones siempre estén alineadas con la perfecta voluntad de Dios. Recuerda que Dios dijo: *"Mi palabra no volverá a mí vacía, sino que hará lo que yo quiero"* (Isaías 55:11). Él no puede ir en contra de Su palabra cuando la citas en oración.

Usa la espada que tienes en la mano y espera resultados. Confiesa la Palabra de Dios en voz alta. Habla Su Palabra en tu situación. Declara Sus promesas inalterables a tus problemas. A veces tienes que hablar las Escrituras para consolar tu alma. Habla lo contrario de tus sentimientos negativos. Cuando el diablo te ataca, habla la Palabra de Dios contra él.

Antes de conocer a Lana, mi número de mensajes de texto rondaba los 700 por mes. Cuando me enamoré de Lana, el mes siguiente envié más de 9,000 mensajes de texto. Sí, eso fue mucho. No me enamoré de los mensajes de texto; me enamoré de una persona que vivía a tres horas y media de mí. Los mensajes de texto eran nuestra forma de comunicarnos. Cada mañana esperaba recibir sus mensajes y contestarle. La Biblia está llena de textos de Dios para nosotros. Contiene más de 31,173 versos. Dios nos los "envió" porque nos ama. Permanecer en la Palabra de

Dios es tu arma espiritual y la forma de sintonizar tu amor para escuchar lo que Él tiene que decirte.

No Alimentes al Pájaro

"He aquí, un sembrador salió a sembrar. Y mientras sembraba, parte cayó junto al camino; y vinieron las aves y los devoraron (Mateo 13:3-4). En la parábola del sembrador, la clave de todas sus parábolas, Jesús dijo que vinieron las aves y se comieron las semillas que cayeron al borde del camino. Más adelante explicó lo que esto significa: *"Cuando alguien oye la palabra acerca del reino y no la entiende, viene el maligno y arrebata lo que se sembró en su corazón. Esta es la semilla sembrada junto al camino"* (Mateo 13:19). El pájaro quiere comerse la semilla para que no produzca una cosecha. Este pájaro malvado es el diablo que quiere robar la Palabra para que no seamos alimentados, alentados y fortalecidos por ella.

Satanás tiene la misión de quitarle la Palabra de Dios al creyente. Esa es la única arma que tiene el diablo como mecanismo de defensa para sí mismo. Él sabe que no puede ganar contra el uso de las Escrituras, así que lucha contra nosotros para asegurarse de que no entendamos, no leamos, no la escuchemos, no memoricemos, no meditemos ni confesemos las Escrituras. Satanás sabe que de lo contrario, seríamos espiritualmente sanos y fructíferos en nuestro esfuerzo por caminar en dominio espiritual sobre él y sus demonios. Él hace que estemos "demasiado ocupados", distraídos, perezosos o desinteresados en la Biblia.

Cuando te alimentes, matarás de hambre al pájaro. Lamentablemente, la mayoría de los cristianos han estado alimentando al pájaro al descuidar la Palabra de Dios. No fortalezcas al enemigo dejándo de alimentarte a ti mismo. La negligencia resulta en debilidad. Cuando te privas de recibir el alimento de las Escrituras, le estás dando poder al adversario. El pájaro se alimenta mientras tú pasas hambre.

Las palabras del Sr. Boggs impresas dentro de la portada del Nuevo Testamento distribuida por la organización cristiana Gedeones Internacionales dicen:

"La palabra de Dios es el regalo de Dios a la humanidad. Revela la mente de Dios, el estado del hombre, el camino de la salvación, la condenación de los pecadores y la felicidad de los creyentes. Tenemos que leerlo para ser sabios, creerlo para estar seguros y practicarlo para ser piadosos. La Biblia es luz para guiarte, alimento para apoyarte y consuelo para animarte. Es el mapa del viajero, el bastón del peregrino, la brújula del piloto, la espada del soldado y la carta del Cristiano. Debe llenar la memoria, gobernar el corazón y guiar nuestros pasos. Debemos leerlo despacio, con frecuencia y con oración"[5].

Ester usó el arma del ayuno, pero tú y yo tenemos armas espirituales aún mayores a nuestra disposición, que son poderosas en Dios, como la oración ferviente, el ayuno,

5 "Una introducción inspiradora al libro sagrado". The Gideons International, 18 de mayo de 2011, blog.gideons.org/2010/12/the-bible-contains-the-mind-of-god/.

el pronunciar el nombre de Jesús, el conocer y declarar la Palabra de Dios y reclamar la sangre de Jesús. Nuestra victoria no está en nuestra carne sino en la armadura de Dios.

Pensamientos para Compartir

Usa los hashtags #fightbackbook #pastorvlad

La guerra espiritual se pelea con armas espirituales.

La oración es un arma, pero también es un campo de batalla.

Algunos experimentan la liberación al pasar por una fila de oración, otros lo hacen a través de una vida de oración personal.

Los cristianos que oran son cristianos poderosos.

Los cristianos que no oran son cristianos indefensos.

Satanás tiene ventaja sobre los santos que duermen espiritualmente; él puede someterlos.

Ayunamos porque tenemos un llamado que cumplir, calamidades que vencer, enemigos espirituales que conquistar y nuestra conexión con Dios que mantener.

La sangre de Jesús tiene voz y es un arma contra las fuerzas de la oscuridad.

El Espíritu Santo no puede traer a la memoria versículos que no has memorizado.

CAPÍTULO 4
La Realeza en Trapos

Hiroo Onoda era un joven soldado japonés en la Segunda Guerra Mundial que tenía una historia única. Fue uno de los soldados japoneses que continuaron luchando en su antiguo campo de batalla en Filipinas, mucho después de que terminara la guerra en agosto de 1945[6]. Se tomó en serio la orden de su oficial al mando, de no rendirse nunca porque la deserción de una asignación militar tenía el alto precio del castigo, la vergüenza y la deshonra.

Todo soldado japonés estaba preparado para morir en combate, pero como oficial de inteligencia, recibió instrucciones para llevar a cabo una guerra de guerrillas. El mundo escuchó por primera vez sobre él en 1950 cuando sus compañeros salieron de su escondite y regresaron a Japón. Todavía seguía escondido en una cueva en la isla filipina de Lubang porque se negó a desobedecer las órdenes de su comandante.

---

6   McCurry, Justin. "Hiroo Onoda: Muere el soldado japonés que tardó tres décadas en rendirse". The Guardian, Guardian News and Media, 17 de enero de 2014,http://www.theguardian.com/world/2014/jan/17/ hiroo-onoda-japanese-soldier-dies

Los militares japoneses enviaron muchos grupos de búsqueda y lanzaron folletos, intentando convencerle de que la guerra había terminado, pero él los descartó creyendo que eran trampas y propaganda enemiga. Mientras Onoda estaba en la isla, luchó con los residentes locales y mató a unos treinta civiles, confundiéndolos con soldados enemigos.

Finalmente, el gobierno envió a su ex oficial al mando, quien le había dado las órdenes iniciales, para ir a su escondite en las montañas y convencerlo de que la guerra realmente había terminado, 29 años después. Cuando voló de regreso a Japón, fue recibido como un héroe. También fue perdonado por el presidente filipino por matar a ciudadanos no combatientes.

Onoda sollozó descontroladamente de alivio cuando finalmente dejó su rifle. Hiroo Onoda murió a la edad de 91 años en 2014, después de haber abierto una serie de escuelas de supervivencia en todo Japón después de su regreso[7].

Esto ilustra poderosamente que el conocer la verdad nos hará libres. Es por eso que el apóstol Pablo enseña, "... *sino sean transformados mediante la renovación de su mente*" (Romanos 12:2). Nuestra vida es transformada mediante la renovación de nuestra mente. Dios ya hizo todo el trabajo, pero si nuestra mente no es renovada con la verdad, vivimos escondidos y esclavizados.

---

7   Muere Hiroo Onoda, soldado japonés de la Segunda Guerra Mundial que se negó a rendirse. BBC News, BBC, 17 de enero de 2014, www.bbc.com/news/world-asia-25772192.

De la historia de Ester, hemos aprendido hasta ahora que la autoridad del creyente triunfa sobre el acceso del enemigo. Algunas de las batallas no comenzaron con nosotros, pero terminarán con nosotros. Además, la guerra espiritual se pelea con armas espirituales como la oración y el ayuno. Después del ayuno, Ester se vistió con sus vestiduras reales para presentarse ante el rey. *"Al tercer día, Ester se puso sus vestiduras reales y fue a pararse en el patio interior del palacio, frente a la sala del rey. El rey estaba sentado allí en su trono real, frente a la puerta de entrada"* (Ester 5:1).

Un Cambio Espiritual Conduce a un Cambio en la Mente

La victoria en el reino espiritual debe ser precedida por un cambio en la mente. Luchar espiritualmente requiere que uno se vista mentalmente. Después de su tiempo de ayuno, Ester se vistió con ropas reales. El código de vestimenta personal de Ester reflejaba su posición de realeza en el palacio, no su condición actual. Ella estaba vestida con prendas de la realeza, no con trapos. El código de vestimenta de Ester es un símbolo de la mentalidad del creyente. Nuestra forma de pensar tiene que reflejar nuestra posición en Jesucristo, no nuestra crisis actual.

Por lo tanto, tenemos que vestirnos con las promesas de Dios, no con los trapos gastados que representan nuestros problemas. Nuestra situación actual no debe decidir nuestro código de vestimenta. Ester estaba pasando por una situación muy difícil, pero no se vistió de cilicio y ceniza cuando se acercó al rey. Se negó a dejar que su situación determinará su vestuario. Este es uno de los errores que cometemos como creyentes; dejamos que nuestra guerra decida nuestro vestuario. Dejamos que lo que estamos enfrentando domine nuestra mente, voluntad y emociones hacia Dios y hacia nosotros mismos. Esperamos que Dios cambie nuestras vidas antes de que cambiemos nuestra actitud y nuestra forma de pensar. Pero no funciona de esa manera. Romanos 12:2 dice que nuestra vida se transforma después de que renovamos nuestra mente.

Lo que Vistes, lo Representas

Ester no esperó a que el rey primero resolviera el problema inminente al que se enfrentaba para vestirse como su reina. La renovación de la mente requiere que no nos conformemos con el mundo. *"No se amolden al mundo actual, sino sean transformados mediante la renovación de su mente"* (Romanos 12:2). Observa que "No se amolden" viene antes de "sean transformados". Es muy fácil conformarte a tu "código de vestimenta" mental, al mundo amenazante, a la crisis, a la enfermedad, a la pobreza y a la derrota. Deja de permitir que tus problemas determinen tu código de vestir.

Cuando viajo para hacer ministerio, a menudo la iglesia que me hospeda me regala su mejor mercancía, una polera. Acepto el regalo agradecido, pero no me pongo todo lo que me regalan. Algunas prendas las guardo y otras las regalo. Creo que lo mismo se aplica a la vida. Cuando experimentas pobreza o quiebra bancaria, el estrés financiero te dará una camiseta para que te la pongas, una forma de pensar para que la adoptes. Cuando pasas por una derrota en algún área de tu vida, esa derrota te dará una camiseta para ponerte. El diablo te ofrece una camiseta para ponerte porque quiere atar tus pensamientos al nivel de tus recientes fracasos. Pero no tienes que ponerte todo lo que recibes. Recuerda, Ester nos enseña que no necesitamos vestir con cenizas y trapos solo porque estamos bajo ataque. No tenemos que descender al nivel de nuestro problema. Nuestros sentimientos no son tan importantes; lo que realmente importa es cómo pensamos. Somos lo que pensamos, no lo que sentimos.

Una de las razones por las que la gente quiere que me ponga su mercancía es para representar su ministerio a los demás. Eso es genial. Me gusta la idea si la camiseta es de buena calidad o si realmente quiero representar su ministerio ante mis amigos. Estratégicamente, es por eso que el diablo quiere que "lleves puesto" el problema que está acechando tu mente. Él no solo está interesado en que tengas enfermedad en tu cuerpo, sino también en que tengas esa enfermedad en tus pensamientos. Él quiere que dejes que tu enfermedad se convierta en tu identidad. Quiere que represente ante los demás su obra de destrucción dejando que tu mente esté sujeta a tu dilema. Eres tú quien debe elegir lo que te vas a poner. Tú representas lo que llevas puesto, y lo que llevas puesto te representa a ti.

La Primera Clave para Renovar Tu Mente
- *No Te Conformes* -

Ester no le dio placer a Amán vistiéndose como una desamparada. Anteriormente ella había sido huérfana, pero ahora era la reina. No se vistió con trapos, sino con ropas reales. El malvado complot del adversario aún no había sido anulado, pero Ester no esperó a que eso sucediera para vestirse con prendas reales. La victoria ya había sido ganada en el reino espiritual para ella, así que ella representó esa victoria al vestirse apropiadamente. La renovación de la mente precede a la transformación de la vida. A veces posponemos cambiar nuestra forma de pensar hasta que Dios cambie nuestras circunstancias. De hecho, hasta culpamos a nuestras circunstancias por nuestro estado mental. Decimos cosas como: "Cuando mi vida mejore, entonces mi estado de ánimo mejorará".

Ester no esperó a que Amán muriera para vestirse como una reina. Tú tampoco deberías. Tu vida no cambiará a menos que cambies tu forma de pensar. El enemigo, Amán, no será derrotado si no te vistes de realeza. Tu modo de ver las cosas debe reflejar quién eres, no lo que estás viviendo. Nuestros pensamientos deben estar llenos de las promesas de Dios, no de los problemas de la vida. Recuerde, somos embajadores de Cristo (2 Corintios 5:20), y no representantes de la crisis. La Escritura dice, *"humíllense delante del Señor, y él los exaltará"* (Santiago 4:10).

Eso significa que debemos dejar de humillarnos o someternos a las situaciones de la vida. La primera clave para renovar tu mente es el rehusar a conformarte con la situación. En otras palabras, nunca dejes que tu situación o tus problemas decidan tu "código de vestimenta".

La Segunda Clave para Renovar Tu Mente:
- *Llena tu Mente* -

La segunda clave para renovar la mente es llenar nuestra mente con la verdad de Dios. Ester se vistió con sus ropas reales. Ya las tenía en su armario, pero ahora las llevaba puestas. Jesús dijo: *"Si se mantienen fieles a mis enseñanzas, serán realmente mis discípulos; y conocerán la verdad, y la verdad los hará libres"* (Juan 8:31-32). Jesús les habló a Sus discípulos que ya creían en Él. El conocimiento de la verdad está dirigido a los creyentes. No es solamente el estar rodeado por la presencia de la verdad lo que nos hace libres; sino que es el conocimiento y la aplicación de la verdad lo que trae libertad.

La verdad es como el jabón; solo funciona cuando se lo aplica. Si tienes un dispensador lleno de jabón pero no lo aplicas en tu piel, será inútil. El simple hecho de conocer la verdad según la Biblia no cambia automáticamente tu vida. Debes conocer y practicar esa verdad, que por su propia naturaleza comienza a liberar tu mente.

La verdad es más que simples hechos; es lo que Dios dice acerca de sí mismo y de nosotros. Los hechos cambian; la verdad no. La verdad es inmutable. Un hombre llamado Mahoma creía que era un profeta de la verdad. Buda sintió que era un buscador de la verdad. Pero Jesús dijo: *"Yo soy la Verdad"* (Juan 14:6). La verdad solomente se puede encontrar en Jesús. Cuanto más conozcamos personalmente a Jesús, más verdad aprenderemos sobre nosotros mismos y nuestra mente será más libre. *"Vístanse del Señor Jesucristo, y no hagan provisión para la carne"* (Romanos 13:14). Nosotros, como cristianos, no solo confiamos en Jesús, sino que "llevamos puesto a Jesús". Hacemos esto al identificarnos con Cristo. Puesto que estábamos unidos a Él, llegamos a ser un solo espíritu con Él. *"Pero el que se une al Señor, un espíritu es con El"* (1 Corintios 6:17). Cuando somos bautizados, somos bautizados en la muerte, entierro y resurrección de Cristo. El bautismo en agua nos identifica con Jesucristo. *"Mediante el bautismo fuimos sepultados con él en su muerte..."* (Romanos 6:3-11).

Ponte las Vestiduras Reales

Como cristianos tenemos la verdad en Jesucristo. Así como Ester poseía las vestiduras reales en el palacio, la clave es hacer uso de esas vestiduras reales. Las vestiduras reales son como la verdad. No basta con tener esas prendas; usarlas es lo que trae resultados. Tal vez tu problema persiste y hay un retraso en la solución. Al igual que con Ester, incluso después del ayuno, todo parecía seguir igual. Pero las cosas en realidad estaban empeorando para ella; sin embargo, Ester no entró en pánico ni cayó en la desesperación. Se puso sus prendas reales. No abandones la verdad de la Palabra de Dios acerca de ti solamente porque tus circunstancias no parecen cambiar de inmediato o los síntomas de tu enfermedad incluso regresan.

Los problemas prolongados tienden a hacernos pensar como huérfanos. Nos vestimos como huérfanos. Hablamos como huérfanos. Sí, Ester había sido huérfana, pero se vistió como realeza, a pesar de que la amenaza inmediata todavía la acechaba. Es fácil ceder a nuestros sentimientos y abandonar nuestra fe cuando las cosas que esperábamos no salen como habíamos previsto. También es fácil renunciar a la revelación de la verdad de Dios cuando la realidad parece contradecirla.

Quiero animarte a que te vistas como realeza cuando te sientas huérfano. No eres huérfano; eres un hijo de Dios. No dejes que tu situación cambie tu revelación; deja que tu revelación transforme tu situación. No dejes que la realidad cambie tu mente, sino renueva tu mente con la verdad, y tu vida será transformada.

Vestida con majestuosas vestiduras reales, Ester se acercó al rey. El palacio era su hogar, pero había sido invadido por un enemigo que tenía acceso. De hecho, su palacio se había convertido en un lugar de guerra y ella se presentó al combate debidamente vestida. En su epístola, el apóstol Pablo nos habla de la importancia del código de vestimenta adecuado en la guerra espiritual (Efesios 6:10-20). *"Vestíos de toda la armadura de Dios, para que podáis estar firmes contra las asechanzas del diablo"* (Efesios 6:11 RVR 1960).

El código de vestimenta de Ester eran prendas reales; el nuestro es toda la armadura de Dios. Así como Ester se vistió con esas nobles vestiduras, así también nosotros somos instruidos a ponernos la armadura de Dios que incluye la fe, la justicia, la salvación, la verdad y la paz. No estamos obligados a producirlo, pero se nos indica que lo usemos. Esta armadura es la provisión de Dios para cada creyente. Todo cristiano tiene la armadura de Dios, pero no todo cristiano la usa. La armadura no funciona si no se usa.

No Se Trata de Tener, Sino de Utilizar

Tengo una motocicleta Honda de 49 cc, que utilizo para ir al trabajo o visitar a la familia en los días cálidos. Su velocidad máxima es de 35 a 40 millas por hora. En el estado donde vivo, la ley exige usar un casco cuando se conduce una moto. Vivo a menos de un minuto en automóvil de la iglesia donde trabajo. El verano pasado, mientras iba y venía del trabajo, me inventé excusas para no tener que ponerme casco mientras manejaba mi moto. Me da vergüenza admitir que durante unas semanas conduje la moto sin casco. No es que no tuviera casco. De hecho, tenía tres cascos. Es que no me ponía ninguno. Una vez, mientras conducía de vuelta a casa en un hermoso día soleado, un oficial de policía me siguió hasta mi casa y me dio una multa.

No me multaron por no tener el casco; recibí una multa porque no lo llevaba puesto. Por supuesto, es mejor recibir una multa que sufrir una herida en la cabeza. Desde esa experiencia, cada vez que conduzco mi motocicleta, siempre me pongo mi casco. Me pregunto cuántos creyentes hacen lo mismo con toda la armadura de Dios, la tenemos y simplemente no la usamos. Como resultado de no usarla, no estamos caminando en la victoria que Jesús compró con Su sangre preciosa.

Cuando no usamos la armadura de Dios, recibimos ataques espirituales. Somos incapaces de hacer frente a las artimañas del diablo, incapaces de resistir el día malo, incapaces de evadir las flechas de fuego del maligno, y somos heridos y atormentados constantemente por el adversario. Nuestro problema no es que no tengamos la armadura de Dios, es que simplemente no la estamos usando.

No guardes la armadura de Dios en tu cabeza; necesitas "vestir" tu mente y tus acciones con ella.

El Casco de la Salvación en Lugar de el Sombrero de la Condena

Por ejemplo, nos ponemos el casco de la salvación creyendo que somos salvos y confesándolo. Somos salvos por la gracia de Jesús a través de la fe. El don de la salvación nos hace ser hijos de Dios. Él prepara un lugar en el cielo para nosotros y permite que el Espíritu Santo viva en nosotros.

La salvación es un casco que debemos usar. Al vivir constantemente conscientes de nuestra salvación, protegemos nuestra mente del ataque del diablo. Los creyentes tienen el casco de la salvación, pero a menudo eligen usar el sombrero de la condenación. Sus mentes están saturadas de culpa y vergüenza, viviendo en constante temor de perder su salvación. Pero tu salvación está en Jesús y es segura.

Pon la salvación en tu mente. No uses sombreros de culpa, vergüenza y miedo; pónte la salvación. Confiesa con tu boca que Jesús es tu Salvador personal. Nadie puede arrebatarte de Su mano. Tener la salvación nos protege de la ira de Dios, pero al ponernos la salvación nos protegemos de los ataques del diablo. Selah.

De los Trapos a la Justicia

Lo mismo ocurre con la justicia. Metafóricamente, nuestra justicia humana es como trapos sucios, pero la justicia de Jesús es a prueba de balas (Isaías 64:6). La justicia es más que el perdón. Es una posición correcta ante Dios. *"Porque me vistió con vestiduras de salvación, y me rodeó de manto de justicia"* (Isaías 61:10). Jesús se hizo pecado para que podamos ser hechos justos. Jesús no era un pecador, pero Él se hizo pecado en la cruz para que tú y yo seamos justos en Él. No soy justo en mí mismo. Jesús murió en la cruz tomando sobre Sí mismo mis pecados y los tuyos para que pudiéramos vivir como personas justas. Este manto de justicia es una poderosa protección contra la condenación del diablo.

Si la salvación protege la cabeza, la justicia protege el corazón. Si nuestro corazón nos condena, tenemos algo más grande que nuestro corazón, la sangre de Jesucristo. La cruz es más grande que nuestro corazón. Por eso la justicia de

Jesús nos protege el corazón. A través de la justicia, vivimos confiados como un león (Proverbios 28:1), no somos movidos fácilmente (Salmo 112:6 RVR1960), y nos levantamos después de caer (Proverbios 24:16). Bienaventurados los que tienen sed de justicia (Mateo 5:6). Dios libra al justo de toda aflicción (Salmo 34:19). Reinamos en la vida cuando recibimos el don de la justicia (Romanos 5:17).

Todo creyente tiene esta justicia, pero no todo creyente se pone Su justicia. Esto significa que no están constantemente conscientes de quiénes son en Cristo. La mayoría de nosotros vivimos con conciencia de pecado, no con conciencia de justicia. Como resultado, sufrimos de ataques cardiacos espirituales. El diablo ataca nuestros corazones porque no nos "vestimos" de justicia. Es tiempo de que te quites tus harapos y te vistas de Su justicia. Cámbiate de ropa y con coraje ve al palacio del rey, vestido con tu manto real de justicia. Cree que eres justo. Si no lo sientes, mira a la cruz. No se trata de sentirlo, sino de creerlo. Confiesa que eres justo. Sé constantemente consciente de tu justicia en Jesucristo. Esa es tu vestidura real. Esa es tu código de vestimenta para hacerle frente a la guerra espiritual.

No Se Trata de Ganar Sino de Mantenerte Firme

Es vital notar que la armadura espiritual no es para ganar una batalla sino para mantenerse firme en la victoria.

"Pónganse toda la armadura de Dios para que puedan hacer frente a las artimañas del diablo" (Efesios 6:11).

De nuevo, Pablo dice: *"pónganse toda la armadura de Dios, para que cuando llegue el día malo puedan resistir hasta el fin con firmeza"* (Efesios 6:13).

Y de nuevo, *"Manténganse firmes"* (Efesios 6:14).

Tu armadura espiritual te permite estar firme en la victoria que Cristo ya ganó. Te capacita para resistir con firmeza los ataques y las feroces acusaciones del maligno. Es cierto que la Biblia dice que luchamos contra poderes, potestades, gobernantes y fuerzas espirituales, pero luchamos desde una posición de victoria. No luchamos por la victoria; luchamos desde la victoria. El propósito principal de la armadura de Dios no es para pelear sino para capacitarnos y permanecer firmes en la victoria de Cristo. Simplemente levántate y no te muevas de tu posición de victoria.

"Un Mal Día" le Sucede a la Gente Buena

La armadura espiritual es nuestro código de vestimenta real para ayudarnos a resistir en el "mal día". Un día malo le puede pasar a toda la gente buena. Un día malo puede llegar a las personas justas. Ester tuvo ese mal día, pero se vistió con sus prendas reales como la reina que era en su posición real en el palacio. Todo el mundo experimenta un "día malo". Puede empezar con todo aquello que puede salir mal, saliendo realmente mal. Es posible que te sientas agobiado. En esos momentos, debes recordar que las cosas que suceden a tu alrededor son más espirituales de lo que crees. Puede que sientas que no tienes fuerzas para luchar.

Pero lo único que tienes que hacer es ponerte de pie. ¡Solo párate! Viste tu mente, corazón y pies con la realidad de quién eres en Cristo y luego simplemente ponte de pie.

Recuerda, si te pones toda la armadura de Dios, será solo un "día" malo para ti, no serán días malos. Esa es una promesa; un día malo terminará y a la mañana siguiente Dios renovará Su misericordia. *"su compasión jamás se agota. Cada mañana se renuevan sus bondades; ¡muy grande es su fidelidad!"* (Lamentaciones 3:23). Este versículo ha sido una fuente de fortaleza en el "día malo" de mi vida. El diablo me susurraba: "Tu día malo no terminará; va a continuar. Eres un fracasado, un perdedor total, nada sale bien en tu vida". Por lo general, le respondía: "¡Eres un mentiroso! Este es tu truco para usar un mal día y convertirme en una persona negativa, pero fuiste derrotado en la cruz. Incluso en este día, me mantendré en mi posición y resistiré tu oposición". No puedo decirte cuántas veces a la mañana siguiente todo era nuevo y diferente. El mal día había acabado. ¡Y punto! Dios no nos dio una armadura espiritual para ayudarnos a evitar un mal día, sino para ayudarnos a evitar convertirnos en personas negativas a causa de los días malos en nuestra vida. La armadura espiritual nos fue dada para que un día malo no se convierta en una semana mala o un mes malo o un año malo o incluso una vida mala.

La estrategia del diablo es usar el día malo para convertirte en una persona negativa. Pero Dios te da una solución: Su armadura. No te exenta de tener el día malo, pero te protegerá de convertirte en una persona negativa.

Limitará la duración de ese mal día. Cuando llegue el día malo, no entres en pánico.

Ponte tu manto real.

Por *fe* mantente en tu posición de victoria.

Confiesa tu *salvación;* elimina la condenación.

Proclama la *justicia* de Jesús sobre tu vida, incluso cuando no sientas que eres justo.

Afirma la *verdad* de la Palabra de Dios, incluso cuando los eventos la contradigan.

Declara la *paz* que sobrepasa todo entendimiento cuando te sientes confundido.

Habla la *Palabra de Dios,* no tus sentimientos.

Te sorprenderás de cómo este tipo de actitud cambiará el clima espiritual de tu mal día. El enemigo será empujado hacia atrás. Recuperarás el terreno del enemigo.

No Pelees con la Gente

Es importante notar que no nos ponemos la armadura de Dios para luchar contra sangre y carne, *"Porque nuestra lucha no es contra seres humanos, sino contra poderes, contra autoridades, contra potestades que dominan este mundo de tinieblas, contra fuerzas espirituales malignas en las regiones celestiales"* (Efesios 6:12). En otras palabras, no estamos en guerra con la gente. No es posible vivir victoriosamente en el reino espiritual mientras chocamos con personas en la carne. Por eso Pablo nos recuerda que no luchamos contra sangre y carne.

Dios nos unge para ganar batallas espirituales, no para pelear con la gente. No estamos llamados a pelear con la gente. El diablo nos tienta a participar en batallas que no son las nuestras. No luches contra la gente. El maligno nos tienta a luchar contra nuestros hermanos y hermanas para que nos olvidemos de luchar contra él. No desperdicies tu unción en batallas a las que Dios no te llamó. Para caminar victoriosamente en el mundo espiritual, debemos mantenernos enfocados y alejarnos de los conflictos con las personas, sin importar que tan tentadoras puedan ser esas batallas.

Vístete de Jesucristo

Leamos de nuevo y lentamente este relato:

"Aconteció que al tercer día se vistió Ester su vestido real, y entró en el patio interior de la casa del rey, enfrente del aposento del rey; y estaba el rey sentado en su trono en el aposento real, enfrente de la puerta del aposento. Y cuando vio a la reina Ester que estaba en el patio, ella obtuvo gracia ante sus ojos; y el rey extendió a Ester el cetro de oro que tenía en la mano. Entonces vino Ester y tocó la punta del cetro" (Ester 5:1-2).

Ester había ayunado. Se puso sus vestiduras reales y luego se paró en el patio interior. Cuando el rey la vio de pie toda vestida, la Biblia dice que ella obtuvo gracia ante sus ojos, y él le extendió el cetro de oro. Ella tocó la punta del cetro. Sabía que no había sido convocada a la corte real. Había un protocolo que establecía que si venías sin invitación a la presencia del rey, morirías a menos que él te extendiera su cetro.

Cuando por fe nos vestimos del Señor Jesucristo - Su justicia, salvación, verdad, paz y usamos Su palabra - no solo estamos en posición de victoria, sino que también atraemos el favor de Dios sobre nosotros. Dios ya no nos ve a nosotros, sino que ve a su Hijo unigénito, Jesús. Nos convertimos en la fragancia de Cristo para Dios mismo. Eso libera el favor de Dios en nuestra vida. Ester necesitaba desesperadamente una solución a su problema, y cuando el rey extendió su cetro, a partir de ese momento, todo empezó a cambiar. ¡Un gran avance!

También debemos ponernos vestiduras reales, no solo para enfrentarnos al enemigo, sino también para estar en la asombrosa presencia de Dios. Aunque es cierto que podemos acercarnos a Dios tal y como somos, quiero animarte a que vengas a la presencia de Dios bien vestido. Si quieres obtener Su favor divino, no vengas en pijama espiritual. Las pijamas a las que me refiero son como cuando murmuramos y nos quejamos, diciéndole a Dios nuestras dudas y temores, citándole hechos, dejando nuestra armadura espiritual en casa, y llegando a Su presencia vestidos con trapos espirituales. Sí, Dios es verdaderamente amoroso y nos aceptará, pero aquí estamos hablando de Su gracia y favor. Él da gracia y favor a los que están vestidos con vestiduras reales.

Jacob Vestía la Ropa de su Hermano

Cuando el patriarca Jacob quiso recibir una bendición de su padre Isaac, vino vestido como su hermano mayor. No necesitaba hacer eso si simplemente quería tener una conversación con su padre. Pero Jacob quería el favor y la bendición especial de su padre. Sabía que no podía venir vestido como él mismo porque la bendición realmente le pertenecía al primogénito de la familia, su hermano Esaú. Es algo parecido lo que pasa en nuestra relación con Dios. Jesús es el primogénito; Él es el justo que merece bendición y favor.

Somos hijos de Dios y siempre podemos acudir a Su presencia. Pero si queremos recibir algo especial de nuestro Padre, se nos instruye que lo pidamos en el nombre de Jesús.

"Lo que pidan en mi nombre, yo lo haré" (Juan 14:14).

"No me escogieron ustedes a mí, sino que yo los escogí a ustedes y los comisioné para que vayan y den fruto, un fruto que perdure. Así el Padre les dará todo lo que le pidan en mi nombre" (Juan 15:16).

Nos vestimos de la justicia de Jesús así como Jacob se puso las vestiduras de su hermano. La única diferencia es que Jesús nos brinda estas prendas, mientras que Jacob tuvo que hurtarlas. Y nuestro padre Dios no es ciego como lo era Isaac. Dios nos extiende favor y misericordia porque venimos en el nombre de Jesús, vestidos como Jesús, incluso oliendo como Jesús, ya que somos la fragancia de Cristo para Dios.

Es muy importante que entiendas el significado de esto. Si sientes que persisten ciertos problemas y que algunos espíritus malignos todavía están operando en tu vida, tal vez algunas maldiciones están sobre ti. Lleva tu batalla al reino espiritual. Vístete con tus vestiduras reales. ¡No esperes a que todo se resuelva en el plano físico, comienza a pensar y actuar como un campeón ya! Ponte tu armadura espiritual y comienza a pensar, hablar y actuar como un vencedor, no como una víctima. Dios te extenderá Su favor. Y verás la gloriosa manifestación de la victoria.

Pensamientos para Compartir

Usa los hashtags #fightbackbook #pastorvlad

No dejes que tus problemas determinen tu código de vestimenta mental.

Nuestras mentes deben reflejar quiénes somos, no lo que estamos pasando.

Nuestros pensamientos deben estar llenos de las promesas de Dios, no de los problemas de la vida.

La verdad es como el jabón; únicamente funciona cuando se aplica.

La verdad es más que hechos. Los hechos cambian; la verdad es estable.

Si no permites que tu situación cambie tu revelación, entonces tu revelación transformará tu situación.

Todo cristiano tiene la armadura de Dios, pero no todo cristiano la usa. La armadura no funciona si no se usa.

Tener la salvación nos protege de la ira de Dios, pero llevar puestos la salvación nos protege de los ataques del diablo.

La armadura de Dios no previene un "día malo", pero nos protege de convertirnos en una persona negativa.

Dios nos unge para ganar batallas espirituales, no para pelear con la gente.

No desperdicies tu unción en batallas a las que Dios no te ha llamado.

CAPÍTULO 5
La Guerra en el Desierto

Vera era una mujer joven que no podía mantener una amistad sana. Iba de una relación a otra, luchando todo el tiempo por mantenerlas a flote. Este estilo de vida entristecía mucho a su familia. Durante mucho tiempo luchó con sueños eróticos. Cada vez que veía una película o escuchaba una conversación obscena, esa misma noche experimentaba sueños lujuriosos. ¡Esto la angustiaba muchísimo.

Se despertaba llorando porque no tenía control sobre sus sueños. Se sentía tan sucia, impura y sola. A lo largo del día, Vera se desconectaba por completo, se aislaba y caía en la depresión. Ella sabía que esto no era normal en absoluto; tenía que hacer algo al respecto. Luego recordó el testimonio de una mujer de la iglesia llamada Gladys, quien también solía luchar con sueños sexuales que eran el resultado de tener un "esposo-espíritu" demoníaco. Antes de ser liberada, Vera hizo todo lo posible para romper todas las maldiciones y rezó todas las oraciones que se le ocurrieron para atar a los demonios, pero sin resultados.

Ella tomó la decisión de pasar por la fila de oración en la iglesia. Vera comenzó a orar en contra de cualquier posible relación de tipo "esposo-espíritu" y rápidamente su cuerpo se debilitó. Tuvo que luchar por cada respiro que tomaba. No estaba segura de lo que estaba sucediendo, pero tenía fe en que Dios la liberaría. Los poderes demoníacos comenzaron a manifestarse cuando ella cayó al suelo llorando. Aunque no podía controlar su cuerpo, su mente estaba alerta y luchando.

Finalmente pude llegar a ella y expulsar al demonio en el nombre de Jesús. Luego de que el demonio fue expulsado, Vera experimentó una paz sobrenatural que cubrió su mente y su cuerpo. El peso insoportable se había ido; se sentía ligera como una pluma y llena de júbilo. Se fue a casa y durmió toda la noche sin ningún sueño perturbador.

Pero esto era solo el principio de algunas batallas que la aguardaban, porque Vera tenía que aprender a usar la autoridad que Jesús le había dado. Su mentor le enseñó que si esos sueños volvían a molestarla por la noche, ella debía reprenderlos en el nombre de Jesús. Fue a través de un proceso de liberación que Vera aprendió a luchar con la ayuda de su mentor que estaba allí a su lado. Cuando Vera desarrolló una relación más profunda con Dios, encontró la verdadera liberación.

Ya han transcurrido cuatro años desde la liberación de Vera y ella está felizmente casada con su esposo y tiene dos hermosos hijos. Ella y su familia se dedican a servir al Señor con la iglesia Hungry Generation.

Volvamos a la historia de Ester para aprender más acerca de la guerra. Sabemos hasta ahora que Ester tenía un enemigo malvado que tenía acceso a su palacio, pero ella era la que tenía la autoridad. En primer lugar, Ester ayunó para luchar espiritualmente contra su enemigo físico. Después de un período de ayuno, se vistió con sus vestiduras reales y fue a ver al rey.

Lo que más me sorprende es que Ester no pidió inmediatamente la liberación de su pueblo, los judíos. Cuando el rey le preguntó cuál era su deseo, cuál era su petición, su respuesta fue imprevista: *"Si le parece bien a Su Majestad —respondió Ester—, venga hoy al banquete que ofrezco en su honor, y traiga también a Amán"* (Ester 5:4).

¿Un banquete?

¿En serio, Ester?

El pueblo judío está a punto de morir. Tú estás a punto de morir. No tienes tiempo para festejar. El rey ya te preguntó, Ester, ¿qué es lo que deseas? Solo dile a lo que viniste y cuéntale acerca del malvado complot de Amán. Pero Ester no hace eso. Su petición es que el rey venga a un banquete.

El Cuento de Dos Reinas

Primeramente retrocedamos en esta historia hasta el comienzo del libro de Ester. Antes de que Ester apareciera en escena, había otra reina cuyo nombre era Vasti. Durante las semanas de banquetes ofrecidas por el rey, la predecesora de Ester, Vasti, decidió celebrar su propio banquete para las mujeres. Durante ese tiempo, el rey ordenó a su esposa Vasti que acudiera a su salón de banquetes para poder presumir de ella ante sus colegas. Pero ella se negó a ir. Estaba ocupada en su propio banquete con las mujeres. Su marido se enfureció y de repente, le quitó su corona. El hecho de que ella se haya negado a acudir a su presencia como se le había ordenado fue motivo suficiente para que el rey le quitará la corona. Ella no engañó al rey ni conspiró para matarle. De hecho, estaba sirviendo a mujeres en otro salón de banquetes. Sin embargo, el hecho de negarse a venir cuando se le ordenó, le costó a Vasti su corona. Ahora, comparemos a las dos reinas.

A Vasti se le ordenó a que viniera a ver al rey, pero ella se negó. Ester no fue invitada a ir a ver al rey, pero aun así ella fue.

Vasti llevó a las mujeres a un banquete. Ester llevó a una nación al ayuno.

Vasti preparó un banquete para las mujeres. Ester preparó un banquete para el rey.

Vasti amaba el palacio. Ester amaba al rey.

Vasti perdió su corona. Ester ganó y salvó a la nación.

El Ministerio al Señor es Primero

Como siervo de Dios, este es un recordatorio personal para no dejar que mi ministerio a la gente se convierta en una distracción de mi ministerio personal al Señor. No quiero actuar como la reina Vasti, que consideraba que los banquetes para la gente eran más importantes que acudir a la presencia de su rey. Pero no me malinterpretes. Las personas me importan porque son la razón por la cual Jesús murió en la cruz.

Durante mi tiempo de oración, reflexiono a menudo sobre este versículo: *"No es justo que nosotros dejemos la palabra de Dios, para servir a las mesas"* (Hechos 6:2 RVR1960). Los doce apóstoles no ignoraron las necesidades de las personas. Simplemente se dieron cuenta de que, con todo ese trabajo que les exigía tanto tiempo, estaban dejando de lado el tiempo de calidad esencial con el Señor. Por lo tanto, decidieron delegar el trabajo a buenos líderes para que pudieran *"[dedicarse] de lleno a la oración y al ministerio de la palabra"* (Hechos 6:4). Los resultados de esta decisión de pasar el máximo tiempo en la presencia de Dios fueron asombrosos. *"Y la palabra de Dios se difundía: el número de los discípulos aumentaba considerablemente en Jerusalén, e incluso muchos de los sacerdotes obedecían a la fe"* (Hechos 6:7). Después de su decisión de entregarse continuamente a la oración, no solo ocasionalmente, Dios les abrió una mayor dimensión de ministerio. La Palabra de Dios se difundió más, los discípulos (no solo las decisiones) se multiplicaron y las personas influyentes se convirtieron en seguidores de Jesús.

Cada vez que me siento abrumado con mi ministerio o incluso con las preocupaciones de mi vida, hago lo que hicieron los apóstoles; realizo un inventario de mi vida devocional para ver si acaso estoy descuidando mi tiempo de calidad con el Señor.

Se Necesita una Cosa

Muchos cristianos se agotan porque descuidan el ministrar al Señor. Como la reina Vasti, pierden su corona. En otras palabras, descuidan su autoridad, unción, hambre y sensierbilidad al Señor porque están demasiado ocupados para venir a Su presencia cuando Él los llama. Si eres ciudadano de los Estados Unidos, puedes ser convocado para servir en un jurado. Debes tomar muy en serio esas citaciones; no pueden ser tratadas como correo chatarra. Lo mismo debería ocurrir con Dios. Él nos convoca a Su presencia todos los días. Tristemente, algunos creyentes tratan una citación para servir como jurado con más seriedad que la citación de Dios para orar y leer Su Palabra.

La consecuencia de no pasar mucho tiempo de calidad con Dios es obvia. Es similar a lo que experimentó Marta cuando Jesús dijo: *"Marta, Marta... estás inquieta y preocupada por muchas cosas"* (Lucas 10:41). Ella escuchó esas palabras, "inquieta" y "preocupada por muchas cosas" mientras preparaba la comida para su mejor amigo Jesús y los discípulos. ¿Cómo es posible? Marta no estaba haciendo nada pecaminoso. Estaba ocupada haciendo lo que era urgente, sin embargo descuidó lo más importante: pasar un tiempo precioso con Jesús. *"Pero solo una cosa es necesaria; y María ha escogido la buena parte, la cual no le será quitada"* (Lucas 10:42).

Una cosa es esencial, no muchas cosas.

Una cosa es pasar tiempo a los pies de Jesús y escuchar su palabra.

Una cosa es lo que Martha no estaba haciendo.

Una cosa es lo que María decidió hacer.

Una cosa es algo bueno.

Cuando descuidamos la "cosa esencial", quedamos atrapados en la preocupación, la ansiedad, molestias y muchos otros problemas. Como Martha, empezamos a culpar a los demás e incluso a Dios. Caemos en la lástima por nosotros mismos. Vivimos en constante estrés. Pero el secreto para superar todos estos problemas es permanecer en oración, en la presencia de Dios y en la Palabra de Dios. Así nuestro tiempo de oración se convertirá en un tiempo agradable con Jesús, en lugar de una disciplina rutinaria. Aliméntate de la Palabra de Dios; no solo la leas. ¡Pasa mucho tiempo con el Señor! Entonces todas tus obras para Dios fluirán de tu relación personal e íntima con Él, incluyendo Su unción, autoridad, favor y éxito.

Recuperando tu Primer Amor

Volvamos a Vasti, quien se negó a presentarse cuando el rey se lo ordenó. Su desobediencia le costó la corona. Lo más probable es que Vasti se convirtió en concubina cuando perdió su posición como reina. Probablemente permaneció en el palacio sin tener una relación con el rey. Pero de una cosa estamos seguros, ella ya no era la reina.

Encuentro advertencias similares en el libro de Apocalipsis a la iglesia de Éfeso. A esta iglesia no le faltaron buenas obras, trabajo, paciencia o perseverancia. Jesús comentó que han *"trabajado por amor de mi nombre...y no han desmayado"* (Apocalipsis 2:3 RVR1960). Trabajaron duro para el Señor pero descuidaron al Señor mismo. En el siguiente versículo, Jesús reprende con amor: *"Pero tengo contra ti, que has dejado tu primer amor"* (Apocalipsis 2:4 RVR1960). A diferencia de Vasti, que nunca tuvo una segunda oportunidad, la iglesia de Éfeso tuvo otra oportunidad de hacerlo bien.

Jesús describe el proceso de volver a tu primer amor. *"¡Recuerda de dónde has caído! Arrepiéntete y vuelve a practicar las obras que hacías al principio"* (Apocalipsis 2:5).

Recuerda, arrepiéntete y vuelve a practicar las primeras obras. Estos son tres pasos simples para volver a tu "primer amor". Todo comienza con recordar y reflexionar sobre como solían ser las cosas a un principio. Luego debes arrepentirte, es decir, cambiar tu forma de pensar y cambiar tu dirección. Después del arrepentimiento, elige ser ferviente nuevamente por hacer las primeras obras. Así es como recuperas tu primer amor por Jesús.

Si no haces estos ajustes para venir al Señor, la consecuencia viene. *"Si no te arrepientes, iré y quitaré de su lugar tu candelabro"* (Apocalipsis 2:5). La consecuencia es que el candelabro será removido de su lugar. Se le advirtió a la iglesia de Éfeso que su candelabro sería quitado. Una lámpara proporciona luz en la oscuridad. Es como si Jesús estuviera diciendo: perderás tu influencia en el mundo oscuro y espiritual. Ya no tendrás Su autoridad espiritual ni caminarás en Su unción a menos que reflexiones, te arrepientas y regreses.

Aparecer Sin Invitación

Entonces ya podemos ver lo que sucedió cuando Vasti se negó a ir a ver al rey, cuando él se le ordenó hacerlo. Ahora, consideremos a Ester. Ella fue al rey a pesar de que no había sido invitada. Durante treinta días su marido, el rey, no la había invitado a estar con él. *"En cuanto a mí, hace ya treinta días que el rey no me ha pedido presentarme ante él"* (Ester 4:11). Eso seguramente fue difícil para Ester. Además de todo eso, se enfrentaba a la gran crisis de una posible destrucción de su pueblo, los judíos, así que se armó de valor para acercarse a él sin invitación.

Yo recibo ánimo del ejemplo de Ester, cuando en ocasiones, tengo pereza de acercarme al Señor, sé que debo hacerlo de todos modos.

A veces nos puede faltar el deseo de ir al Señor debido al peso de los problemas, el estrés en el trabajo, la presión en el ministerio o la crisis financiera, pero nunca estaremos en la posición de Ester, donde no nos sintamos invitados.

Dios siempre está listo para recibirnos y amorosamente nos recibe en Su presencia.

El Hambre Espiritual Se Genera al Comer

A veces simplemente no sentimos que el Espíritu Santo nos esté guiando a buscar el rostro del Señor. El diablo puede estar llenando nuestra cabeza con mentiras de que Dios ya no se preocupa por nosotros. A veces llegamos a una temporada de sequía durante la cual no sentimos ningún deseo de orar, ayunar o leer la Biblia. A menudo, esa temporada de soledad implica una guerra espiritual. Cuando no sientas ganas de ir al Rey Jesús, esa es la clave de cuánto necesitas acudir a Él, a pesar de tus sentimientos. Cuando pierdes tu hambre por Dios, debes alimentarte a fuerza con Su Palabra, aunque no tengas ganas de hacerlo. Un apetito espiritual crece mediante la alimentación. Un hambre espiritual viene después de una alimentación espiritual. Esfuérzate por comer cuando quieras tener más hambre por Dios. El hambre física viene al no comer, pero el hambre espiritual sucede después de comer. Cuanto más disfrutes de la comunión con Dios, más lo desearás.

Si estás perdiendo tu hambre por Dios, aliméntate a la fuerza hasta que el hambre aparezca. Cuando no sientas al Espíritu Santo moviéndose en tu vida, aliméntate de las Escrituras hasta que lo sientas. Es Él quien te está hablando. No te sometas a tus sentimientos cuando estés en el desierto espiritual o bajo un ataque espiritual. Los sentimientos no son confiables, especialmente cuando enfrentas desafíos. Los sentimientos no deben dictar tu comportamiento. Sé que es más fácil escribir acerca de esto que vivirlo. Hacer lo correcto, incluso cuando no nos sentimos cerca de Dios, desarrolla la madurez espiritual. Nuestra fe se fortalece cuando nuestros sentimientos fallan. No conectes tu fe a los sentimientos; conecta tu fe a Jesús. ¡Él nunca falla! Acude al Rey cuando sientas que "no estás invitado", cuando te sientas desmotivado, desanimado, triste y derrotado. Simplemente toma la iniciativa de permanecer con Él y disfruta de Su amistad. Su presencia es tu solución.

Dios Recompensa a Los que lo Buscan

Quiero profundizar un poco más esta idea de "no estar invitado". En mis años de juventud, era difícil para mí acudir al Rey cuando no sentía Su presencia por un tiempo. Era desalentador, pero he aprendido algunas cosas que han cambiado mi perspectiva. Una de ellas es que debo alimentarme aunque no sienta nada. Cuando no puedo controlar mis sentimientos, sigo siendo responsable de lo que me estoy alimentando.

La segunda verdad que aprendí es que Dios prometió recompensar a los que lo buscan con fervor, no a los que solo lo encuentran: *"En realidad, sin fe es imposible agradar a Dios, ya que cualquiera que se acerca a Dios tiene que creer que él existe y que recompensa a quienes lo buscan"* (Hebreos 11:6). No buscamos a Dios porque Él esté perdido. Él siempre está cerca de nosotros porque Su Espíritu vive dentro de nosotros. Vamos a la oración no para buscar a Dios, sino para estar con Él. Teniendo esto en cuenta, hay temporadas en la vida en las que pareciera y se siente que Su presencia manifiesta se ha ido.

Durante estos tiempos debes entender que Dios está edificando tu fe ya que Jesús es el autor y consumador de tu fe. *"despojémonos de todo peso y del pecado que nos asedia... puestos los ojos en Jesús, el autor y consumador de la fe"* (Hebreos 12:1-2 RVR1960). Sin fe, es imposible agradar a Dios, y esta fe se fortalece a medida que tus sentimientos se debilitan. Tienes que confiar plenamente en la Palabra de Dios, no en tus sentimientos o experiencias. En las temporadas de tu desierto espiritual, únicamente la fe te puede ayudar a acercarte a Dios. Si vives guiado por tus sentimientos, te sentirás alejado de Dios. Cuando vas al trono de Dios a pesar de tus sentimientos negativos, estás fortaleciendo tu fe. Aquí hay un poco de combustible para tu fe: *"Dios recompensa a quienes lo buscan"* (Hebreos 11:6).

El rey David fue llamado *"un varón conforme a su corazón"* (1 Samuel 13:14). Dios no dijo que David tenía Su corazón; él simplemente estaba tras Su corazón. David estaba en constante búsqueda de Dios. Al leer los Salmos que David escribió, vemos el viaje de su corazón hacia la presencia de Dios. A veces se quejaba de que no sentía a Dios, pero todavía lo buscaba. A Dios le gusta eso. Él quiere que lo busquemos, aún cuando no tengamos ganas.

De hecho, Dios no solo ama que lo busquemos, sino que también nos recompensa. Esta verdad ha sido la fuente de mi aliento. No dejo que mis sentimientos me dominen, sino que permito que mi fe crezca al acudir a Dios sin importar lo que esté sucediendo en mi vida.

Es posible que hoy estés bajo un ataque espiritual o en un desierto espiritual. El adversario está trabajando muy duro para mantenerte alejado de la presencia de Dios Todopoderoso, pero no cedas a su tentación. No consientas tus sentimientos. No hables de ellos. Por fe cree que Dios está contigo, y Él te recompensará cuando lo busques. Ester fue al rey sin ser invitada; sin embargo, recibió su recompensa de misericordia y gracia. Y tú también recibirás tu recompensa cuando acudas al trono de la gracia de Dios a pesar de tus sentimientos (Hebreos 4:16).

Entre la Liberación y el Dominio

El pueblo de Israel salió de Egipto, el lugar de su liberación, pero la tierra prometida a la que se dirigían era su lugar de dominio. Entre Egipto y la tierra prometida había un desierto. Las personas, en su camino para ejercer dominio en su tierra prometida, una vez que han experimentado la liberación de Egipto, por lo general viajan a través de un desierto espiritual. El período entre la liberación y el dominio suele estar caracterizado por un desierto miserable.

Elías atravesó un desierto al igual que el apóstol Pablo (1 Reyes 19:1-9; Gálatas 1:17-18). Incluso nuestro Señor Jesús, después de haber sido llenado por el Espíritu Santo, *"fue llevado al desierto… para ser tentado por el diablo"* (Mateo 4:1 RVR1960). La experiencia del desierto es un tiempo difícil en el que soportamos aflicciones espirituales. A menudo es un momento en que la tentación se intensifica; puede haber ataques espirituales en nuestra alma. También es un tiempo que puede conllevar una sequía espiritual en la que nos sentimos desconectados de Dios. Un desierto espiritual no es una señal de que estamos en pecado, aunque a veces se siente así. En vez de buscar a Dios, solemos buscar algún pecado al cual culpar por nuestra experiencia actual.

No solo debemos superar nuestras experiencias en el desierto, sino que también podemos acortarlas mediante la forma en que respondemos. Cuando no podamos controlar lo que sucede a nuestro alrededor, no debemos preocuparnos por ello. Sino que debemos enfocarnos en lo único que sí se puede controlar, nuestra forma de responder. Cuando no podemos controlar nuestras circunstancias, podemos controlar nuestra confesión, actitud y forma de responder. Cómo reaccionamos en el desierto espiritual determinará cuánto tiempo permaneceremos allí. El tiempo que Israel permaneció en el desierto no debió ser de cuarenta años, pero se prolongó a causa de su reacción a los posibles problemas en la tierra prometida. *"La exploración del país duró cuarenta días, así que ustedes sufrirán un año por cada día. Cuarenta años llevarán a cuestas su maldad, y sabrán lo que es tenerme por enemigo"* (Números 14:34). Si te quejas, prolongarás tu desierto espiritual; si confiesas la Palabra de Dios, lo acortarás. Compara a Jesús con Israel. Su tiempo en el desierto duró solo cuarenta días, no cuarenta años. ¿Qué hizo Jesús en el desierto? Él no se quejó, sino que confesó la Palabra de Dios.

Por lo general, no llegamos al dominio inmediatamente después de la liberación, sin pasar primero por un desierto espiritual. Debemos aprender a confesar la Palabra de Dios mientras estamos en el desierto, para que nuestro desierto llegue a su fin. Después de que Jesús habló la Palabra en el desierto, ese periodo de tentación terminó y Él comenzó su ministerio en el poder del Espíritu Santo. *"Así que el diablo, habiendo agotado todo recurso de tentación, lo dejó hasta otra oportunidad. Jesús regresó a Galilea en el poder del Espíritu, y se extendió su fama por toda aquella región"* (Lucas 4:13-14).

El Silencio no es Ausencia

En mi época de estudiante, cada vez que el profesor nos tomaba un examen, había silencio. Antes del examen, el profesor enseñaba, pero durante el examen se quedaba callado. El silencio del profesor no significaba que estuviera ausente. Yo estaba dando un examen. Tenía la tentación de levantar la mano y preguntar sobre alguna pregunta del examen, pero sabía que el profesor no me daría ninguna respuesta. ¿Por qué? Porque era yo el que estaba haciendo el examen. Cuando no estamos siendo examinados, podemos hacer cualquier pregunta y obtener una respuesta, pero durante el examen, el profesor guarda silencio.

La sequedad espiritual suele ir acompañada de este tipo de silencio por parte de Dios. Cuando Dios guarda silencio en tu vida, eso puede significar que estás tomando una prueba. Recuerda al rey Ezequías: *"Dios se retiró de Ezequías para probarlo y descubrir todo lo que había en su corazón"* (2 Crónicas 32:31). El silencio de Dios no es la ausencia de

Dios. Significa que estamos siendo probados. Una de las cosas que teníamos que hacer en el colegio cada vez que tomábamos un examen era recordar lo que el maestro nos había enseñado antes del examen. Este principio de recordar es el mismo que se aplica en el desierto espiritual. Muy a menudo, durante nuestros tiempos de sequedad, tendemos a recordar las cosas que deberíamos olvidar y a olvidar las cosas que deberíamos recordar.

Dios le dijo a Israel que celebrara la Pascua con una fiesta para recordar cómo Él los liberó de Egipto (Deuteronomio 16:12).

Cuando Israel entró en la tierra prometida, Dios les dijo que levantaran un montón de piedras para recordar cómo cruzaron el río Jordán (Josué 4:3).

David encontró el coraje para enfrentar a Goliat al recordar cómo Dios lo ayudó en el pasado cuando se encontró con el león y el oso (1 Samuel 17:37).

Cuando los discípulos estaban molestos por haberse olvidado de llevar pan al barco, Jesús les recordó los milagros por los que había multiplicado los panes y los peces en tierra (Marcos 8:14, 18-20).

Durante la Última Cena, nuestro Salvador les dijo a Sus discípulos que tomaran la comunión en remembranza de Él (1 Corintios 11:24).

Es obvio que Dios quiere que recordemos Su fidelidad, Su Palabra y todas Sus gloriosas obras en nuestra vida. La fe para atravesar el desierto espiritual se encuentra en las victorias del pasado. Igual que los estudiantes, tenemos que recordar lo que Dios ha dicho y hecho para que superemos esta prueba. En nuestras mentes debemos construir monumentos conmemorativos dedicados a Sus milagros; pero en lugar de eso, algunos de nosotros construimos monumentos en memoria de nuestros errores. Es por eso que estamos fallando nuestra prueba en el desierto. La clave para una fe profundamente firme en tiempos de sequedad se logra al hacer buena memoria de la fidelidad de Dios en el pasado y de las promesas de Dios para el futuro. David venció a Goliat recordando la fidelidad de Dios cuando se encontró con el oso y el león. Jesús venció al diablo en el desierto citando las Escrituras que recordaba.

Creo firmemente en la importancia de recordar y anotar en un diario las cosas espectaculares que Dios ha hecho por nosotros. Las victorias del pasado nos animan en las batallas del presente. Otro ejercicio que me ayuda a alcanzar la victoria y que es muy importante en mi vida es memorizar las Escrituras. Cada vez que me encuentro en el desierto o siendo atacado, el Espíritu Santo me ayuda a recordar las Escrituras que he memorizado, las cuales me permiten triunfar. Jesús memorizó las Escrituras; por eso mismo pudo citarlas al diablo en el desierto. David dijo: *"En mi corazón he guardado tus dichos, para no pecar contra ti"* (Salmo 119:11 RVR1960). Guardar la Palabra de Dios en nuestra mente a través de la meditación y la memorización nos ayuda a no caer en tiempos de sequía o ataque.

Los Demonios no Habitan en Lugares Secos

El mundo espiritual es real. Como mencioné anteriormente en este libro, todos los problemas físicos tienen sus raíces conectadas con el reino espiritual. Los enemigos de Dios, los demonios, declaran guerra contra las personas por ser Su más alta creación. Sentimos la presión de esa guerra por el mal que vemos en el mundo natural. Cuando se trata de guerra espiritual, demonios y liberación, Jesús es la mejor autoridad sobre este tema. Existe una enseñanza de Jesús que solía asustarme. Probablemente has escuchado de los demonios que dejan a una persona y luego regresan con siete demonios más después de una liberación. Esos versículos a menudo se usan para advertir a las personas recientemente liberadas acerca de los peligros de vivir una vida sin Dios. Analicemos estos versículos en detalle, y aprenderemos algo sobre los lugares secos y los demonios.

"Cuando el espíritu inmundo sale del hombre, anda por lugares secos, buscando reposo, y no lo halla" (Mateo 12:43 RVR1960). ¿Notaste que no dice cuándo el espíritu inmundo fue expulsado del hombre? Dado que los demonios no pueden estar en todas partes al mismo tiempo, entran y salen de una persona. Eso significa que la persona mencionada en este versículo de las Escrituras no fue totalmente liberada. Solo fue aliviado de un demonio. Durante una liberación el demonio no se va voluntariamente; es obligado a salir. Los demonios son expulsados durante la liberación. La persona en este versículo experimentó solo alivio, no libertad.

Es muy parecido a lo que le sucedió al rey Saúl cuando los demonios iban y venían (1 Samuel 16:14-17, 23). No fueron expulsados; lo dejaban y luego regresaban. Cada vez que los demonios regresaban, sus amigos le sugerían que invitara a un músico para que le ayudara a sentirse mejor. En lugar de eso, deberían haber invitado a un profeta o a un exorcista para ayudarlo a liberarse. Cuando un espíritu "sale" no significa que haya sido expulsado. Yo creo que cuando una persona es liberada, él o ella ya no entran en la misma categoría de la que habla este pasaje.

El espíritu maligno no solamente sale y regresa de nuevo (lo cual no concuerda con una liberación completa cuando los espíritus malignos son expulsados), sino que también vemos a donde va el demonio. Según las Escrituras, un demonio *va por lugares áridos, buscando descanso sin encontrarlo*" (Mateo 12:43). Los demonios no viven ni habitan en lugares secos; únicamente los atraviesan. Habitan en las personas. Si estás espiritualmente seco o te encuentras actualmente en un desierto espiritual, no te desesperes. Quizás te sientas tentado por el diablo como lo fue Jesus, pero no pierdas la esperanza. El diablo no se quedará en un lugar seco. Él lo atravesará. Los demonios buscan un lugar para descansar. Así que mantente alerta y evita que encuentren "descanso" en ti por medio de la alabanza a Dios, busca a Dios y párate en Su Palabra, aún cuando no te sientas con ganas. Puede ser que te sientas cansado, pero recuerda, el enemigo también se cansa. Tu fe, tus declaraciones de los versos de las Escrituras y tu alabanza agotan al diablo. Continúa acercándote a la presencia de Dios hasta que el enemigo se inquiete y se vaya. Mantente firme en las promesas de Dios y goza de Su gran amor a pesar de tu situación y sentimientos actuales.

Vale la pena resaltar algo más: el demonio dijo: *"Volveré a mi casa de donde salí"* (Mateo 12:44 RVR1960). Esto indica que la persona de la que salió este demonio era anteriormente el lugar de residencia del demonio. Por ejemplo, cuando viajo, salgo de mi casa por unos días o a veces por una semana y siempre tengo un lugar adonde volver porque es mi casa. Soy el dueño de la casa. Y es por eso que creo que la persona en Mateo 12 no fue salvada ni liberada, principalmente porque una persona salva es propiedad de Jesús, comprada por la sangre de Su redención. Los demonios no tienen autoridad para reclamar propiedad o decir "mi casa" cuando se refieren a alguien que está íntimamente unido al Señor como un solo espíritu. *"Pero el que se une al Señor se hace uno con Él en espíritu"* (1 Corintios 6:17). Una persona salva es el templo del Espíritu Santo. Sí, yo creo que los demonios pueden atormentar u oprimir a los creyentes, pero no pueden poseerlos como si fuera su casa.

Además, *"cuando llega, la encuentra desocupada, barrida y arreglada"* (Mateo 12:44). Este versículo confirma nuevamente que la persona a la que se hace referencia en este pasaje no fue salva ni liberada. La casa está vacía, barrida y ordenada con un programa de modificación de conducta. Jesús vino a traernos una resurrección que resulta en una transformación interna. Él nos llena con Su Espíritu

Santo. Él ocupa nuestra casa. En lugar de simplemente barrer nuestros pecados, Él los remueve. La salvación trata primero con el corazón del hombre, no con su comportamiento. Aplicar la autodisciplina para poner tu vida en orden solamente funcionará hasta que el diablo regrese. Tu propia autodisciplina no tiene poder para resistir sus astutas estrategias. Solo el Espíritu Santo y la poderosa sangre de Jesús pueden hacer eso.

El final del camino para esta persona es malo. *"Así le pasará también a esta generación malvada"* (Mateo 12:45). El demonio regresa con siete demonios más. ¿A quién le pasó? Lee el versículo 45 nuevamente. Este versículo se aplica a *"esta generación malvada"*. El demonio regresa con siete demonios más malvados que él a una "generación malvada", no a los hijos de Dios. En ninguna parte Jesús indicó que esto les suceda a aquellos que han sido salvos y liberados. Es para aquellos que han tenido demonios que los dejaron sin una expulsión total y completa. Es para la persona que no se entregó al amor de Jesús sino que modificó su conducta. Los demonios hacen que todo sea peor que antes porque ya existe maldad en el fondo de la vida de esa persona que no es salva. Los demonios malvados se sienten atraídos por las personas malvadas. En Cristo, somos una nueva creación, un real sacerdocio e hijos de Dios---no malvados.

Yo creo que después de que una persona es liberada, los demonios pueden regresar y tratar de atarla de nuevo. Es como cuando Israel había sido liberado del faraón, pero tres días después, los persiguió para volver a capturarlos y llevarlos de nuevo al cautiverio. Israel estaba aterrorizado. Pensaron que su libertad no iba a durar. De hecho, dudaron de que Dios realmente los había liberado al ver que el faraón reapareció con su ejército en el horizonte. Moisés les dijo en su pánico desesperado que no tuvieran miedo, que siguieran marchando hacia adelante y que vieran la salvación del Señor. Mientras miraban al ejército del faraón acercándose detrás de ellos, Dios partió el mar delante de ellos. Israel atravesó marchando sobre tierra seca, pero el faraón con todo su ejército se ahogó en el mar. Ese es el futuro de cada creyente que ha sido liberado. Dios no quiere que regreses a Egipto sino que sigas avanzando hacia la tierra prometida. No dejes que el diablo te haga dudar de tu liberación solo porque estás siendo tentado y afligido por los mismos problemas que antes. Eso no significa que no hayas sido liberado. *"Él nos libró del dominio de la oscuridad y nos trasladó al reino de su amado Hijo"* (Colosenses 1:13). Incluso si caes en el mismo pecado, simplemente arrepiéntete y vuelve a levantarte. Todavía eres justo en Cristo. Todavía eres libre. Todavía eres victorioso. Solamente sigue avanzando hacia tu tierra prometida.

Los versículos en Mateo 12 se refieren a personas que nunca fueron liberadas o salvadas, aquellos que solo han experimentado un poco de alivio. Nunca se rindieron a Jesús y nunca le permitieron que Él fuera el Señor de sus vidas. Puede ser que hayan cambiado su comportamiento, pero no han experimentado un cambio en su corazón por obra del Espíritu Santo. En esencia, son malvados en su naturaleza y necesitan un arrepentimiento total. Deben poner su fe completamente en Jesús como su Salvador.

Debes saber que los demonios andan por lugares secos buscando descanso, por eso ten coraje. Cuando estes en un lugar seco y sientas que te encuentras siendo tentado por demonios, no cedas a la tendencia de quejarte. En lugar de hacer eso, confiesa la Palabra de Dios. El enemigo no encontrará descanso en ti y se irá. *"Entonces el diablo lo dejó, y unos ángeles acudieron a servirle"* (Mateo 4:11). El diablo dejó a Jesús y también te dejará a ti. Él no habita en lugares secos; solo habita en lugares malvados. Vive en lugares muertos. Mientras estes vivo, aunque estes seco, él se sentirá incómodo ante tus constantes alabanzas, oraciones en el Espíritu y confesiones de la Palabra de Dios. *"Así que sométanse a Dios. Resistan al diablo, y él huirá de ustedes"* (Santiago 4:7). Él huirá si te sometes a la Palabra de Dios y te mantienes firme. Nosotros no huimos de el diablo; él huye de nosotros. De lo único que huimos es del pecado, no de el diablo.

Si en este momento te encuentras en un lugar seco y sientes que estas siendo atacado, quiero profetizar en tu vida que si hablas la Palabra de Dios en vez de tus sentimientos, el enemigo huirá. Recuerda, puede ser que estes seco, pero no estas muerto.

Finalmente, tu temporada seca está llegando a su fin. ¿Cómo sé esto? Porque Dios promete esto en los siguientes versículos:

"En las alturas abriré ríos, y fuentes en medio de los valles; abriré en el desierto estanques de aguas, y manantiales de aguas en la tierra seca" (Isaías 41:18 RVR1960).

"Convirtió el desierto en fuentes de agua, la tierra seca en manantiales" (Salmo 107:35).

Pensamientos para Compartir

Usa los hashtags #fightbackbook #pastorvlad

Si estás perdiendo tu apetito por Dios, aliméntate a fuerza hasta que despierte tu hambre.

Recuerda, arrepiéntete y repite las primeras obras. Estos son tres pasos simples para regresar a tu "primer amor".

Muchos cristianos se agotan porque descuidan ministrar al Señor.

El hambre espiritual sigue a la alimentación espiritual.

El periodo entre la liberación y el dominio suele estar caracterizado por un desierto miserable.

La manera en que respondemos en el desierto espiritual determinará el tiempo que permaneceremos allí.

El quejarse prolonga tu desierto espiritual; el confesar la Palabra de Dios lo acorta.

Cuando Dios está en silencio en tu vida, eso podría significar que andas atravesando por una prueba.

Muy a menudo, durante nuestros tiempos secos,
tendemos a recordar las cosas que deberíamos olvidar
y a olvidar las cosas que deberíamos recordar.

Los demonios visitan lugares secos, pero solo se
establecen en lugares muertos.

CAPÍTULO 6

Busca a Dios Más Que a la Libertad

Larry nació y creció en un hogar que no era cristiano. Las únicas veces que él y su familia asistieron a la iglesia fue de vez en cuando durante la Navidad y la Pascua. Cuando Larry tenía unos 9 años, su madre murió, dejándolo con su padre y sus dos hermanas. Con el paso del tiempo, los familiares de Larry lo persuadieron para que entregara su vida a Jesús y con el fin de complacerlos, Larry lo hizo.

Poco a poco se fue alejando de la iglesia, sin haber establecido nunca una relación personal con Jesucristo. Cuando era adolescente, Larry comenzó a salir con algunos de los jóvenes de la escuela y gradualmente comenzó a beber y salir de fiesta. Conforme fue creciendo, su consumo de alcohol empeoró considerablemente. A la edad de 21 años, Larry se casó y su esposa lo convenció de que volviera a ir a la iglesia. Una noche, cuando estaban juntos en la iglesia, vieron la película llamada *Dejados Atrás,* donde la gente moría y se iba al infierno. Larry estaba asustado; no quería terminar como esa gente que no conocía al Señor. Esa noche aceptó a Jesús en su vida, pero una vez más el mensaje de la película no cambió a Larry.

Larry volvió a vivir como antes, embriagándose y visitando discotecas. Estaba intoxicado todo el tiempo y nunca volvía a casa sobrio. Larry estaba cansado de este tipo de estilo de vida, lastimando a sus seres queridos y sin poder tomar el control de su vida. Con la esperanza de convertirse en un mejor hombre, se unió al ejército. Una noche de diciembre en 1983, salió del club completamente intoxicado y no podía recordar como había vuelto al cuartel. Cuando recuperó la sobriedad, sus compañeros le contaron que esa misma noche una adolescente había sido violada. Aterrorizado, Larry no sabía si fue él mismo o no quien había hecho eso a la joven. Aún cuando le confirmaron que no fue él, sintió tanto pánico que pidió a su capitán que lo enviara a un centro de rehabilitación. Después de su estancia y tratamiento allí, Larry no volvió a beber.

Al volver a casa, rededicó su vida a Jesús. Esta vez se entregó de todo corazón a Jesucristo y lo hizo su Señor. Su vida y todo su ser comenzaron a cambiar. Fue conociendo cada vez más a Jesús, haciendo de Él el fundamento de su fe. A los dos años, Larry fue ordenado diácono en la iglesia a la que asistía y comenzó a servir fielmente al Señor y a su comunidad. Desde aquel día de 1983, Larry no ha vuelto a beber ni una gota de alcohol.

No obstante, Larry todavía tenía un hábito de fumar que había comenzado cuando tenía diecisiete años, y ahora quería ser liberado. Eventualmente, Larry descubrió la iglesia Hungry Generation, que todavía era una comunidad muy reciente. Durante un servicio de Año Nuevo, yo estaba dando un sermón ilustrativo y llevé un ataúd vacío a la iglesia. Le pedí a la congregación que escribieran en un papel aquello de lo que querían deshacerse y que lo echaran en el ataúd. Larry anotó "fumar", y Dios lo libró totalmente de su hábito dañino. Han pasado catorce años desde que dejó de fumar. ¡Alabado sea Dios!

En una Batalla, Ella Preparó un Banquete

Cuando Ester llegó a la presencia del rey, él le preguntó: *"¿Qué te pasa, reina Ester? ¿Cuál es tu petición? ¡Aun cuando fuera la mitad del reino, te lo concedería!"* (Ester 5:3). Parecía que este era su momento para decirle al rey lo que realmente estaba sucediendo porque él estaba esperando escuchar su petición. Ciertamente, su necesidad era urgente; estaba en peligro la vida de todo el pueblo judío. No había tiempo que perder. Cualquier otra persona en su situación se hubiese quebrantado ante la presencia del rey, pidiendo, rogando y suplicando por la vida de su nación. Pero Ester no hizo eso. Demoró su petición, y en cambio, invitó al rey a unirse a ella en un banquete especial.

"Y Ester dijo: Si place al rey, vengan hoy el rey y Amán al banquete que he preparado para el rey" (Ester 5:4 RVR1960).

Parecía una idea extraña que simplemente pidiera al rey asistir a un banquete cuando en realidad estaba en una lucha tan intensa. Fue como si en la presencia del rey, Ester dejó de prestar atención al problema y se concentró en el rey, solamente para hacerlo feliz. Ella tenía todo el derecho de culparlo por causar el complot, ya que fue él quien había autorizado el horrible plan para exterminar a su pueblo. Pero en lugar de culpar al rey, decidió darle de comer.

Es posible que tú también sientas la tentación de culpar a Dios por no haberte liberado antes. Te encuentras en la misma situación que Ester. Quizás estés pensando que Dios podría haber evitado que ese incidente te sucediera. Una batalla se está librando en este momento en tu mente, pensando que el Dios soberano podría haber prevenido ese incidente. ¿Por qué no lo impidió? Posiblemente has orado y ayunado para que termine alguna adicción, y parece que tus oraciones no han sido contestadas. O tal vez estas permaneciendo en la fe por tus seres queridos y ellos solo estan empeorando. Satanás, el acusador, hará su mejor esfuerzo durante estos tiempos para desacreditar a Dios y hacer que Él se vea mal. Te susurrará en el oído como lo hizo con la esposa de Job: *"¡Maldice a Dios y muérete!"* (Job 2:9). Job pensó, si maldigo a Dios, seguramente moriré, pero si bendigo a Dios, ciertamente viviré. Él bendijo a Dios y vivió.

Cuando yo estaba buscando ser liberado de la tentación de la pornografía en mis años de adolescencia, tuve muchas frustraciones con respecto a Dios. Tenía preguntas como, ¿por qué Dios no me ha liberado todavía? Oré. Ayuné. Confesé mi pecado a otros. Conseguí un compañero que me ayudó a asumir mi responsabilidad. Tuve la tentación de culpar a Dios porque todavía estaba en cautiverio. Del mismo modo, el diablo intentará tentarte para que culpes a Dios cuando tu liberación se demore, pero *"cada uno es tentado cuando sus propios malos deseos lo arrastran y seducen"* (Santiago 1:14). No caigas en su trampa de acusar a Dios sin importar las ganas que tengas de hacerlo. En lugar de culpar a Dios, prepárale un banquete (de alabanzas) tal como lo hizo Ester. Dios es tu única esperanza y Dios es bueno. El diablo es mentiroso y su voz es engañosa.

No Uses a Dios como el Medio para Lograr el Fin

Ester no usó al rey para deshacerse de su enemigo de inmediato. Primero lo honró ofreciéndole un banquete. Su predecesora Vasti no honró al rey. Ella no vino cuando el rey se lo ordenó. En cambio, Vasti preparó un banquete para las mujeres, pero Ester preparó un banquete para su rey.

Como creyentes en Jesucristo estamos llamados a hacer lo que nuestro Señor Jesús dijo: *"Amarás al Señor tu Dios con todo tu corazón, y con toda tu alma, y con toda tu mente. Este es el primero y grande mandamiento"* (Mateo 22:37-38 RVR1960). Cuando los malos hábitos, las adicciones o las cadenas espirituales parecen asfixiarnos, nos olvidamos de Su mandamiento. Es bueno desear la libertad, ¡pero debemos desear más a Dios! De lo contrario, solo estaríamos usando a Dios como un medio para alcanzar la libertad. Dios no quiere ser un medio para una meta, incluso si esa meta es la liberación. ¡Dios quiere ser tu meta! El primer y gran mandamiento no dice que uses al Señor tu Dios para liberarte, sino que ames al Señor tu Dios.

Cuando Ester solicitó la presencia del rey en un banquete, en lugar de discutir con él lo que realmente la preocupaba, ella estaba comunicándole al rey que él era mucho más importante que la crisis que ella estaba enfrentando. El rey era más poderoso que la situación en la que ella se encontraba. Su marido, el rey, era el único capaz de hacer algo para resolver su dilema. Ella sabía que el pánico y la desesperación no serían la forma más eficaz de obtener la liberación. Nosotros deberíamos aprender lo mismo de su estrategia. Concéntrate más en Dios que en tu cautiverio. A pesar de tus problemas espirituales actuales, recuerda que Dios es tu meta, no solo un medio para alcanzar la meta de tener una vida mejor. *"Más bien, busquen primeramente el reino de Dios y su justicia, y todas estas cosas les serán añadidas"* (Mateo 6:33). Dios nos prometió libertad y vida abundante; pero aún más que eso, Él es nuestro Dios a quien amamos, no alguien a quien usar.

Si tu mente está completamente enfocada en tu cautiverio, entonces Dios ya no es tu enfoque principal. Las personas se vuelven totalmente desesperadas por Dios cuando están en cautiverio, pero muy a menudo, en el momento en que se remueve la carga, ¡su desesperación desaparece también! Es porque no están realmente desesperados por Dios, sino que únicamente están desesperados por la libertad. Usan a Dios como un medio para encontrar la libertad y luego lo dejan una vez que han logrado su meta, la cual no era tener una relación profunda con Dios, sino liberarse de su problema.

Israel Usó a Dios;
Moisés Usó la Liberación

Esa fue mi experiencia en mi adolescencia. Yo era adicto a la pornografía. La esclavitud de la culpa y los ciclos recurrentes de pecado causaron desesperación en mi corazón por querer liberarme. Estaba hastiado de esas cadenas. Quería que todo se acabara, así que me humillé y me acerqué a Dios mediante la oración y el ayuno. Oraba todos los días y ayunaba todos los miércoles porque realmente quería ser libre. Dios fue misericordioso conmigo y me liberó del cautiverio al mostrarme lo que es el verdadero amor. Sin embargo, con el paso del tiempo noté que mi pasión, mi ánimo y mi apetito por las cosas de Dios disminuyeron, y eso me desconcertó. Mientras estaba sufriendo, mi corazón ardía por Dios, pero en cuanto fui liberado y me iba mejor, me volví autocomplaciente e indiferente.

Después de mucha introspección y oración, el Espíritu Santo me mostró mi verdadero motivo. Aunque estaba harto y avergonzado de mi pecado y quería tener paz en mi corazón, con una conciencia limpia, yo solamente estaba buscando la libertad, no a Dios. Estaba orando y ayunando por la libertad. Realmente no estaba buscando a Dios tanto como a la liberación. Por eso, después de que obtuve lo que quería de Dios, Él ya no era "necesario". Esa fue una lección muy dura para mí. Yo usaba a Dios solo como un medio para llegar a mi meta, pero Él no era mi meta principal. Cuando me di cuenta de que Él no era lo fundamental, me arrepentí y le pedí al Espíritu Santo que cambiara mis motivos y el deseo de mi corazón. El clamor de mi corazón se convirtió en: "Dios, te quiero a Ti más que a la libertad. Tú no eres solamente mi medio para alcanzar una meta. ¡Eres mi meta final, mi recompensa, mi todo! Hoy en día, no soy para nada perfecto cuando se trata de buscar a Dios, pero con la ayuda del Espíritu Santo, mi amor por el Señor es incluso mayor que cuando estaba en cautiverio.

Esto me recuerda a los israelitas cuando experimentaron el éxodo de Egipto. No mucho después de su liberación, construyeron un becerro de oro y lo adoraron. Cuando leo las historias en Éxodo, Números, Levítico y Deuteronomio, no veo a los israelitas con un gran deseo espiritual por Dios. Clamaban a Dios mientras estaban en cautiverio, pero en realidad no querían a Dios. Querían alivio de su dolor y sufrimiento, ¿y quién los culparía por desear tener una vida mejor? Dios les mostró Su majestuosa gloria para acercarlos a Sí mismo y para que se enamoraran de Él. Pero a lo largo de los cuarenta años en el desierto, se quejaron, lamentaron y se rebelaron contra Dios. La desesperación por Dios que sintieron en Egipto no la tenían en el desierto. Para ellos, Dios era solo un medio para salir de la esclavitud. Dios no era su objetivo principal.

Sin embargo, Moisés era diferente. Después de ver todos los milagros y señales que Dios realizó en Egipto a través de él, Moisés anhelaba aún más a Dios. *"Él entonces dijo: Te ruego que me muestres Tu gloria"* (Éxodo 33:18 RVR1960). Todo el asombroso poder del que Moisés había sido testigo, despertó su apetito por Dios. Se puede notar que Israel solo utilizó a Dios para salir de Egipto porque después de la liberación, ellos tenían muy poco deseo por Dios. Sin embargo, Moisés utilizó el éxodo de Egipto y todos los milagros que Dios hizo para buscar más a Dios. Él ya tenía una relación cercana con Dios y su petición fue: *"Te ruego que me muestres Tu gloria"*. Él no estaba pidiendo un camino fácil a la tierra prometida. Moisés no vio a Dios como un medio para conseguir una vida mejor. Cuando Dios dijo que no acompañaría a Israel en su viaje debido a su rebelión, sino que enviaría un ángel, Moisés respondió: *"Si tu presencia no ha de ir conmigo, no nos saques de aquí"* (Éxodo 33:15). Por lo tanto, veo que a Moisés le importaba más la presencia permanente de Dios y menos la tierra prometida.

La liberación es importante. La libertad es vital. Es lo que Dios te prometió. Pero existe el peligro de no entregarse a Dios, sino solamente anhelar las bendiciones que Él da. Por eso debes enfocarte en el Señor mucho más que en tu libertad. Él te librará, pero si Dios no es tu objetivo, tu pasión por Él disminuirá. Así que sigue el ejemplo de Ester; cuando ella necesitaba libertad, se enfocó en darle un banquete al rey.

Un Banquete es Mejor que Rogar

A continuación, compartiré algo que mencioné en mi libro *De la Creación a la Relación*. Recuerdo que una vez me encontré en una estación de sequía en relación a mi vida de oración, y sentía que acudir a Dios regularmente era una carga para mí. Me levantaba temprano en la mañana para orar, pero quería dejar de hacerlo porque no le veía sentido hacer tanto esfuerzo. Le dije a Dios que sería mejor para los dos si yo dejaba de ir a Él en oración, ya que no me estaba haciendo ningún bien. En ese momento sentí en mi corazón que Dios me respondió: "Amo tu presencia más de lo que tú podrías amar la mía". Yo sabía que amaba la presencia de Dios, pero que Dios amara mi presencia era algo nuevo para mí. ¡Guau! Entonces me di cuenta de que Dios atesoraba mi compañía y amaba que yo estuviera allí con Él. Él pagó un precio por tenerme. A mí no me cuesta nada tener a Dios, pero a Él le costó todo tenerme. Si en algún momento no siento la presencia de Dios, me acerco y me siento a esperarlo pacientemente. Le recuerdo que porque Él me ama, lo único que quiero es estar con Él. De hecho, una vez hice esta oración: "Señor, no te siento. No te he sentido en mucho tiempo, pero estoy aquí. Sé que me quieres. Sé que atesoras mi compañía. Así que aquí estoy. Soy todo tuyo". Inmediatamente después, la gloria de Dios inundó mi alma. ¡Dios ama mi presencia! ¡Él atesora mi compañía!

Y eso fue lo que hizo Ester; ella preparó un banquete para el rey. Ella no esperó a que el rey la llevara a una cita. Muchas veces pensamos que pasar tiempo con Dios se trata de que disfrutemos de la presencia de Dios. Usamos la oración para volver a estar en contacto con Él y eso es bueno. Pero debemos recordar que lo más importante es Él. *"Porque el Señor se complace en su pueblo"* (Salmo 149:4). El Señor se complace en ti, se deleita en ti. Por lo tanto, es hora de prepararle un banquete. Acércate a Dios con tu corazón, tu mente y tu cuerpo. Él disfruta de tu compañía. Él se deleita en ti. En lugar de sentirte desanimado cuando no sientes Su presencia, deja que Dios disfrute de tu presencia. Prepárale un banquete. Se trata de Él, no de ti. Cuando dejes de centrarte en ti mismo y te concentres más en Dios, te sorprenderá cómo Él derramará su maravillosa gloria y gracia sobre ti.

El rey estaba encantado de ir al banquete. De hecho, siguió preguntando a Ester: "¿Cuál es tu petición?". Creo que cuando hacemos de Dios nuestro objetivo principal en la vida, permitiéndole disfrutar de nuestra compañía, Él derramará Su favor. La libertad fluirá como un río en nuestras vidas. Vivimos para Su gloria, para Su placer. *"Digno eres, Señor y Dios nuestro, de recibir la gloria, la honra y el poder, porque tú creaste todas las cosas; por tu voluntad existen y fueron creadas"* (Apocalipsis 4:11).

Cuando te sientas atacado, desanimado y derrotado, prepara un banquete para el Señor. Es posible que todo en tu interior esté gritando que Dios es quien debería preparar una mesa para ti, que no eres tú quien debe preparar una mesa para Él. Recuerda, ya sea en tiempos buenos o malos, nosotros existimos para Su gloria y Su gozo. Cuando le prepares un banquete y el Rey te pregunta: "¿Cuál es tu petición?" deja que Él te disfrute en lugar de que tú le pidas algo.

Salomón tuvo una experiencia similar. *"Subió, pues, Salomón allá delante de Jehová… y ofreció sobre él mil holocaustos. Y aquella noche apareció Dios a Salomón y le dijo: Pídeme lo que quieras que yo te dé."* (2 Crónicas 1:6-7 RVR1960). Salomón era joven e inexperto. Él necesitaba desesperadamente la ayuda de Dios. El joven rey estaba ocupando el lugar del amado rey David de Israel. ¡Cuanta necesidad tenía de la gracia de Dios! Salomón respondió correctamente. En lugar de entrar en pánico, desesperación o rogarle a Dios, simplemente lo honró con un gran banquete. Esa noche, Dios se le apareció en un sueño y le preguntó: *"Pide lo que quieras que yo te dé"* (1 Reyes 3:5). Todos quisiéramos que Dios nos haga la misma pregunta, pero la clave es - preparar un banquete en lugar de rogar.

Adora al Señor en lugar de quejarte.

Confiesa la fidelidad de Dios en lugar de reclamar.

Concéntrate en el Señor cuando te sientas tentado a enfocarte solo en ti mismo.

Jesús nos aseguró que si buscamos primero el Reino de Dios y Su justicia, Él añadirá las demás cosas (Mateo 6:33). Buscar a Dios debe ser tu máximo anhelo. No solamente busques un avance, la libertad o un milagro. *"Deléitate en el Señor, y él te concederá los deseos de tu corazón"* (Salmo 37:4). Prepara un banquete para el Señor cuando sientas que estás en cautiverio.

Estos banquetes se preparan con acción de gracias, adoración y alabanza. La acción de gracias y la alabanza son el protocolo para entrar en la presencia de Dios.

"Entren por sus puertas con acción de gracias; vengan a sus atrios con himnos de alabanza; denle gracias, alaben su nombre" (Salmo 100:4).

Busca a Dios, No a Las Puertas Abiertas

En los círculos cristianos donde se practica la liberación, se pone mucho énfasis en el tema de las puertas abiertas del enemigo. De hecho, a veces este tema se lleva al extremo. La gente cambia su enfoque del Señor a querer encontrar una puerta abierta. Considero firmemente que nuestras acciones y comportamiento pueden abrir una puerta al diablo y que el arrepentimiento cierra esa puerta. Sin embargo, vivir en la búsqueda constante de una puerta abierta en tu vida no es bíblico. Estamos llamados a buscar el rostro del Señor. Él nos revelará de qué tenemos que arrepentirnos, o a qué tenemos que renunciar, y cuando Él nos lleva a arrepentirnos y a renunciar a nuestro pecado, Él nos permite cerrar esas puertas al enemigo de una vez por todas.

Cuando buscaba desencadenarme de la pornografía, ayuné durante siete días. En ese entonces, el Señor me mostró que la primera vez que vi pornografía, abrí la primera puerta, y cuando me expuse por segunda vez, unos años más tarde, abrí otra puerta. Tuve una visión de la casa de mi alma con una puerta principal y una puerta trasera, la puerta principal representaba la primera vez y la puerta trasera representaba la segunda vez. En ese momento, me arrepentí y renuncié a mi adicción. Realmente creía que esas puertas estaban cerradas y con candado. El fruto de mi arrepentimiento es testimonio de mi razonamiento. Lo que quiero resaltar es que yo no estaba buscando una puerta abierta; simplemente sabía que algo estaba mal conmigo. Mientras buscaba el rostro del Señor, el Espíritu Santo me mostró lo que tenía que resolver y cómo hacerlo.

Excavar constantemente en el pasado, cuando el Espíritu Santo no nos guía a hacerlo, nos convierte en arqueólogos espirituales, no en hijos e hijas de Dios. De hecho, se nos advierte que no deberíamos examinar nuestro pasado. *"Nadie que mire atrás después de poner la mano en el arado es apto para el reino de Dios"* (Lucas 9:62).

"Acuérdense de la esposa de Lot" (Lucas 17:32). Ella trató de caminar hacia adelante mirando hacia atrás y de repente se convirtió en una estatua de sal. Estamos llamados a ser la sal de la tierra, no columnas de sal. Cuando siempre miramos hacia atrás, nos convertimos en "monumentos" en lugar de "movimientos".

Este era el secreto del apóstol Pablo, *"Pero una cosa hago: olvidando ciertamente lo que queda atrás, y extendiéndome a lo que está delante"* (Filipenses 3:13). Él no excavó el pasado, sino que siguió adelante con la llamada del Señor para su vida.

Está claro que podemos echar un vistazo a nuestro pasado, pero debemos mantener nuestra mirada fija en el Señor. Hay una razón por la que el parabrisas de nuestro coche es más grande que el espejo retrovisor. Podemos conducir con seguridad solamente mirando hacia adelante.

El lugar al que vamos es mucho mejor que el lugar del que venimos. La razón principal por la que deberíamos ver nuestro pasado es para glorificar a Dios por lo que Él ya ha hecho y para aprender cualquier lección que nos quiera enseñar. Recuerda Su fidelidad en tu pasado para que puedas fortalecer tu fe en la batalla presente. Tal vez el Espíritu Santo te revele algo que necesita ser eliminado, arrepentido o perdonado. Pero la obsesión constante con el pasado es peligrosa y nunca conduce a la libertad. Es como una puerta giratoria. Sientes que el arrepentimiento no tiene fin. Las personas obsesionadas con el pasado van de liberación en liberación y raramente pasan al dominio. Tu victoria no se encuentra en tu pasado sino en tu futuro.

Busca al Señor, no a la puerta.

"Le Disparé al Presidente, Pero los Médicos lo Mataron"

Escuché una historia del vigésimo presidente de los Estados Unidos, James Garfield, a quien le dispararon cuatro meses después de asumir la presidencia. Mientras el presidente Garfield se preparaba para abordar un tren, un hombre loco le disparó. En aquellos días los presidentes no tenían personal de seguridad[8]. Mientras sangraba en el suelo de la estación de tren, varios médicos llegaron al lugar para examinarlo e intentaron localizar la bala en su

---

8 Escrito por Evan Andrew, 30 de noviembre de 2018 (Consultado el 13 de mayo de 2020).www.history.com/news/the-assassination-of-president-james-a-garfield

cuerpo. La herida que recibió el presidente era una lesión que podía ser tratada, pero los médicos aunque bienintencionados, solo empeoraron la situación al utilizar sus dedos e instrumentos que no estaban esterilizados para examinar la herida, lo cual introdujo gérmenes y causó infecciones.

Al no poder encontrar la bala, lo llevaron a la Casa Blanca donde continuaron atendiéndolo. El doctor Williard Bliss le administró medicamentos y probó otros medios para localizar la bala. El médico incluso recibió ayuda del famoso inventor, Alexander Graham Bell, quien usó su detector de metales para intentar localizar la bala. Esta máquina no funcionó adecuadamente porque el presidente estaba acostado en una cama hecha de resortes metálicos que causó interferencia durante la detección. Todos esos intentos fueron inútiles. Para empeorar las cosas, el Dr. Bliss únicamente permitió la búsqueda en el lado derecho del cuerpo del presidente, donde erróneamente supuso que estaba depositada la bala.

Al poco tiempo, el presidente Garfield falleció. El asesino que le disparó fue declarado culpable, y condenado a morir colgado. A pesar de la tragedia, hubo algo de verdad en lo que afirmó el asesino: "Los médicos mataron a Garfield, yo solamente le disparé".

El presidente Garfield probablemente podría haber sobrevivido con la bala alojada en su cuerpo si hubieran dejado de escarbar en su búsqueda. En contraste, veo problemas similares con los creyentes que escarban obsesivamente su pasado en busca de secretos ocultos que les permitan vivir felizmente en el presente. Lo único que eso hace es llevarnos a una infección espiritual. En cuanto abras el libro de tu vida para buscar el pecado, no tienes que buscar muy lejos, encontrarás lo que buscas. Te arrepentirás de lo mismo una y otra y otra vez. Después, el enemigo cuestionará la autenticidad de tu fe y de tu arrepentimiento. Todo esto socava el poder de la sangre de Jesús sobre tus pecados pasados. Tu enfoque obsesivo hacia tu pecado aleja tu mente de la búsqueda de Cristo y le da poder al enemigo. En concordancia con mi experiencia, todavía no he conocido a alguien que camine en victoria y que se encuentre constantemente mirando por el espejo retrovisor. Los arqueólogos espirituales van de liberación en liberación, no de liberación a dominio.

Concéntrate Más En Ser Llenado Que En Ser Libre

Las personas que crecen cambian. Crecer en el Señor no solo trae libertad, sino una victoria continua. Mi hermano, que por siete años fue adicto a las drogas, tuvo un encuentro poderoso con el Señor una noche. Él le entregó su vida a Jesús, renunció a las drogas y a su vida rebelde, y pidió perdón a mis padres. Sin embargo, seguía luchando por superar algunas cosas de su pasado. En mi grupo de vida, yo lo animaba a que no se concentrara en la libertad, sino que solamente se concentrara en estar lleno de la Palabra de Dios y de Su santa presencia. Yo sabía que él había hecho todo lo posible para romper los malos hábitos que había adquirido en el pasado, pero esforzarse más no era la solución. Él tenía que intentar algo totalmente diferente con el fin de obtener resultados diferentes. Una de las razones por las que seguía fracasando era porque estaba espiritualmente vacío por dentro. Pero cuando mi hermano empezó a llenarse de la Palabra de Dios y a dedicarse a la oración, obtuvo la libertad y la victoria que tanto anhelaba.

Por lo tanto, concéntrate en ser consciente de la presencia de Dios más que de ser libre. Dios te dará lecciones conforme crezcas en Él. Comparto más acerca de este tema en mi libro *Sé Libre* en el capítulo titulado "A Medida Que Creces". Las historias y escrituras que contiene hacen referencia a las promesas de Dios de librarte completamente a medida que creces en Él. *"Estando persuadido de esto, que el que comenzó en vosotros la buena obra, la perfeccionará hasta el día de Jesucristo"* (Filipenses 1:6 RVR1960).

Mi difunto tío Stephen, que fue el cofundador de nuestra iglesia, tuvo un accidente en su juventud. Cuando era joven y no servía a Dios, estaba construyendo una bomba para sacar peces del lago. Sin embargo, algo falló y la bomba explotó en su casa, destrozando el techo, dejándolo ciego de un ojo y cortándole algunos dedos. El vidrio del explosivo penetró su cuerpo. Después de varias décadas, pequeños fragmentos de cristal empezaron a salir de su piel. Él no los estaba buscando; simplemente salieron a la superficie a medida que avanzaba en edad. La Escritura dice: *"En el amor no hay temor, sino que el perfecto amor echa fuera el temor"* (1 Juan 4:18 RVR1960). La palabra "perfecto" puede traducirse como amor desarrollado o amor maduro. Hay cosas que pueden ser expulsadas a medida que uno madura en el amor de Dios. A medida que creces en la conciencia del Señor, ciertas cosas se apartan de ti. Cualquier pedazo de vidrio que haya quedado en ti desde tu pasado saldrá a medida que madures en el amor de Dios y en Su Palabra.

Si te has arrepentido, has renunciado al pecado, y el Espíritu Santo no te está señalando nada, no te obsesiones con ello. Enfócate en crecer en el Señor. *"Mas a vosotros los que teméis mi nombre, nacerá el Sol de justicia, y en sus alas traerá salvación; y saldréis, y saltaréis como becerros de la manada. Hollaréis a los malos, los cuales serán ceniza bajo las plantas de vuestros pies"* (Malaquías 4:2-3 RVR1960). ¿Has notado que si tememos al Señor, saldremos y creceremos como becerros gordos? Ahora, sé que engordar no es algo que todos deseamos físicamente, pero estar espiritualmente bien alimentados es óptimo. De hecho, es tan bueno que esos becerros gordos que nos representan en el versículo, pisotearan a los malvados, y los malvados serán como ceniza bajo nuestros pies.

Mi amigo, es tiempo de "engordar" con la Palabra de Dios para que podamos caminar en victoria diaria.

En la Presencia de Mis Enemigos

"Y Ester dijo: Si place al rey, vengan hoy el rey y Amán al banquete que he preparado para el rey" (Ester 5:4 RVR1960). ¡Imagina eso! Ester invitó a su enemigo Amán al banquete

que preparó para el rey. *"Respondió el rey: Daos prisa, llamad a Amán, para hacer lo que Ester ha dicho. Vino, pues, el rey con Amán al banquete que Ester dispuso"* (Ester 5:5 RVR1960). ¡De hecho, Amán se presentó a los banquetes de Ester dos días seguidos! Dios puso en el corazón de Ester que retrasara su petición un día más; ella no sabía, pero Dios si sabía, lo que iba a suceder esa misma noche (Ester 6:1-14).

Ester experimentó lo que David escribió en el Salmo 23:5: "Dispones ante mí un banquete en presencia de mis enemigos". Ella tenía que aprender a comer en presencia de su enemigo. Como dice la canción, escrita por el grupo de adoración Bethel Worship (Jonathan David Helser, Melissa Helser, Molly Skaggs y Raquel Vega):

Levanto un aleluya, en presencia de mis enemigos.

Levanto un aleluya, y toda duda caera.

Levanto un aleluya, mi arma es la adoración.

Levanto un aleluya, el Cielo peleara por mi.

Creo que todos, como Ester, en algún momento de nuestra vida tendremos que aprender a levantar un "aleluya" en presencia de nuestros enemigos. No esperes hasta que el enemigo se haya ido para empezar a comer en presencia de tu rey. No esperes hasta salir de la prisión para empezar a orar y cantar alabanzas a Dios. Tal vez sientas que no eres digno de sentarte a comer en la mesa de Dios. Tal vez la culpa y la vergüenza están mirándote a la cara mientras estás sentado en la mesa de la gracia de Dios. No dejes de comer porque el enemigo está presente.

Anteriormente en este capítulo, mencioné que debemos preparar un banquete de adoración a Dios cuando estamos en una batalla. Ahora, quiero cambiar tu enfoque hacia lo que significa comer en la mesa del Señor, en presencia de tus enemigos. Si el "Amán" de la inseguridad, el miedo y la ansiedad llega a tu banquete, continúa y disfruta lo que el Señor ha preparado para ti en Su presencia. No dejes que la culpa y la vergüenza te impidan alimentarte de la Palabra de Dios. No abandones el banquete de la mesa de Dios aunque sepas que el enemigo está presente.

Recuerdo que en una oportunidad, asistí a una gran conferencia y dos de los oradores invitados tenían una enemistad. No me enteré de su conflicto hasta más tarde. Cuando llegamos a la Sala Verde, uno de los oradores estaba allí, pero el otro se había ido. Yo supuse que seguramente estaba cansado y se había ido a su habitación a descansar. Pero más tarde descubrí que en el momento en que vio a su "enemigo-amigo" en la conferencia, debió haber pensado: "No puedo quedarme si él está aquí". Así que desapareció. Es vergonzoso que esto exista en los círculos cristianos.

Es aún peor cuando no asistimos a la mesa de Dios porque el acusador está presente. No tenemos ganas de leer nuestra Biblia porque los pecados que hemos cometido nos hacen sentir avergonzados o indiferentes. Nos prometemos a nosotros mismos que primero limpiaremos nuestra vida y pensamos que después podremos ser dignos de sentarnos a Su mesa. Pero es imposible limpiar una ventana sucia con un trapo sucio. No podemos limpiarnos a nosotros mismos.

Lo único que puede limpiarnos es la sangre de Jesús y el poder purificador de la Palabra de Dios. Jesús nos invita amorosamente a acercarnos a Su mesa tal como somos. Pero nos iremos hambrientos si creemos la mentira de que nuestros fracasos y pecados nos descalifican de sentarnos con nuestro Padre.

Hay un asiento en la mesa de Dios para ti. No dejes que Amán te intimide con su presencia que te hace sentir indigno de estar allí. Nadie tiene que ponerse jabón después de lavarse o tiene que ir al hospital después de haberse sanado.

Cubierto por la Mesa

Hay una hermosa historia de Mefiboset, hijo de Jonatán, el mejor amigo del rey David. Cuando era niño, Mefiboset quedó lisiado cuando su nodriza lo cargaba y se le cayó mientras corría. David había hecho un pacto con el padre de Mefiboset. *"Y le dijo David: No tengas temor, porque yo a la verdad haré contigo misericordia por amor de Jonatán tu padre, y te devolveré todas las tierras de Saúl tu padre; y tú comerás siempre a mi mesa"* (2 Samuel 9:7).

Fue invitado a la mesa únicamente por el pacto que había entre David y Jonatán. No fue porque él era digno, y lo mismo ocurre con nosotros. Estamos sentados en los lugares celestiales en Cristo, no por nuestra mérito sino por el pacto de Jesús con el Padre (Efesios 2:6). Por lo tanto, el enemigo no tiene derecho a impedir que nos sentemos a la mesa del Señor debido a nuestras faltas o fracasos. Lamentablemente, muy a menudo evitamos sentarnos debido a que nos sentimos "indignos". Algunos de nosotros simplemente no queremos comer en presencia de nuestros enemigos.

"Y moraba Mefiboset en Jerusalén, porque comía siempre a la mesa del rey; y estaba lisiado de ambos pies" (2 Samuel 9:13). Mefiboset no permitió que sus pies discapacitados le impidieran sentarse a la mesa del rey. De hecho, aunque el sentarse allí no curó su problema, él continuó regresando a la mesa. Él no se curó al sentarse allí, pero sus pies lisiados fueron cubiertos por esa mesa. Cuando te sientas continuamente a la mesa del Señor, todo lo que te haga sentir indigno será cubierto por Su gracia y favor. No evites el banquete solo porque Amán está presente. ¡Disfruta del banquete!

Pensamientos para Compartir

Usa los hashtags #fightbackbook #pastorvlad

Dios no quiere ser un medio para llegar a la meta, incluso si esa meta es la liberación.

Adora al Señor en lugar de quejarte.

Excavar constantemente en el pasado sin la guía del Espíritu Santo nos convierte en arqueólogos espirituales, no en hijos e hijas de Dios.

Crecer en el Señor trae no solo libertad, sino también una victoria continua.

No esperes hasta que el enemigo se haya ido para empezar a comer en presencia de tu rey.

CAPÍTULO 7

Quítate la Máscara

A la edad de cuatro años, algo trágico le sucedió a Geovanna. Fue víctima de abuso sexual. El resultado de esta situación trajo consecuencias devastadoras para su vida. Cayó en un ciclo de depresión y ansiedad que afectó negativamente sus relaciones, su sueño y su autoestima.

A los doce años, Geovanna empezó a interesarse por otras chicas y a sentirse atraída por ellas, pero no fue hasta la secundaria cuando empezó a buscar relaciones con mujeres. También empezó a salir de fiesta, a emborracharse y a consumir marihuana. Pasó muchas noches de desesperanza con la idea de acabar con su vida. Una noche, sintiéndose completamente destrozada, compró un frasco de pastillas deseando acabar con todo. Con la botella todavía en la mano, de repente se detuvo. Algo en lo más profundo de su ser le pidió que no se rindiera porque su vida tenía mucho más de lo que podía imaginar.

Al poco tiempo, fue invitada a través de Facebook a la conferencia "Raised to Deliver", organizada por nuestra iglesia Hungry Generation. En la reunión, ella comenzó a manifestarse, pero ese solo fue el principio de su liberación, ya que en su corazón ella no se había entregado completamente al Señor. El Señor no desistió y buscó fielmente a Geovanna.

El siguiente lunes después de la conferencia, tuvimos una reunión donde oramos por nuestros voluntarios y Geovanna asistió a esa reunión. Estaba agotada tanto mental como emocionalmente por la manera en la que vivía. Geovanna estaba cansada de sentir que no podía superar la depresión, la ansiedad y la atracción por personas del mismo sexo. En ese momento, ella estaba dispuesta a entregarse por completo al Señor. ¡Ella no podía aguantar más! Con todo su corazón, Geovanna finalmente decidió rendirse y dárselo todo a Dios.

El Señor la liberó radicalmente y ella llegó a conocer la libertad. Esa libertad era tan pura y llena de alegría. Completamente libre de la atracción hacia personas del mismo sexo, la paz que ella sintió después de su liberación superó toda la oscuridad que había experimentado antes. Dios continúa enseñándole como defenderse cuando la depresión intenta volver.

Mediante la oración, pasando tiempo con el Señor y aprendiendo a escuchar Su voz, ella continúa disfrutando de una libertad total. Hoy en día, Geovanna camina con victoria y valentía. Le encanta compartir su testimonio con otros que están en el mismo estado de esclavitud que ella sufrió antes de ser libre. Ella quiere mostrarle a la gente el camino para vivir una vida plena con Jesús, libre de ansiedad.

Confesar es Bueno para el Alma

La confesión es buena para el alma, dice el viejo dicho. San Agustín dijo: "La confesión de las malas obras es el comienzo de las buenas obras". Aunque como protestantes no usamos confesionarios, el principio de confesar nuestros pecados tiene un gran poder santificador.

Cuando Ester fue llevada al palacio para un concurso de belleza, *"Ester no reveló su nacionalidad ni sus antecedentes familiares, porque Mardoqueo se lo había prohibido"* (Ester 2:10). Ella era huérfana y Mardoqueo, que trabajaba en el palacio del rey, era su primo. Haciendo caso a las instrucciones de su primo, ella mantuvo en secreto su ascendencia judía. Y permaneció en secreto hasta el momento en que organizó el segundo banquete para el rey.

Como el rey insistía en concederle su deseo y petición, ella le reveló su pasado y el secreto que había guardado todo este tiempo. No vemos al rey castigando a Ester por revelar el secreto. De hecho, toda la ira se dirigió a Amán por su malvado complot, no a Ester por su confesión. *"Luego el rey se levantó del banquete, encendido en ira, y se fue al huerto del palacio; y se quedó Amán para suplicarle a la reina Ester por su vida; porque vio que estaba resuelto para él el mal de parte del rey"* (Ester 7:7 RVR1960).

Hay mucha gente que cuando se enfrenta al cautiverio interno, tiene miedo de ser honesta con Dios, por temor a que su confesión le desagrade. Pero nada se esconde ante los ojos de Dios. En realidad, Dios quiere ver a sus hijos confiar en Él. Los hijos de Dios deben creer que Él les mostrará gracia cuando confiesen sus pecados. Solo tienes que ser honesto y transparente con Dios. *"Si confesamos nuestros pecados, Dios, que es fiel y justo, nos los perdonará y nos limpiará de toda maldad"* (1 Juan 1:9).

Los Pecados Secretos nos Enferman

En mi libro electrónico *Del Pecado Secreto al Lugar Secreto,* mencioné que algunos creyentes viven como soldados de Cristo públicamente, pero en privado viven como esclavos de sus propias pasiones de lujuria, orgullo y otros pecados secretos.

El pecado tiene la fea tendencia a esconderse. Funciona así: Cuando una persona peca, se siente culpable por lo que hizo. La culpa conduce a la vergüenza. La vergüenza conduce al secreto. Y porque el pecado yace escondido, la persona ahora es engañada para cometer ese pecado de nuevo. "Nadie lo va a ver de todos modos", es la mentira común. Eso es mentira porque *"No hay nada escondido que no llegue a descubrirse, ni nada oculto que no llegue a conocerse públicamente"* (Lucas 8:17). Tarde o temprano lo que hacemos en secreto se hará público. Pero esa no debe ser nuestra motivación para confesar nuestros pecados. Confesamos nuestra esclavitud al pecado secreto porque el Espíritu Santo nos da la convicción de hacerlo, no por miedo a ser descubiertos.

Si nos aferramos a nuestro pecado secreto, nos enfermamos por dentro. El rey David lo experimentó en carne propia. Él escribió: *"Mientras guardé silencio, mis huesos se fueron consumiendo por mi gemir de todo el día. Mi fuerza se fue debilitando como al calor del verano porque día y noche tu mano pesaba sobre mí"* (Salmo 32:3-4). El pecado secreto y el silencio conducen a la enfermedad de el alma y el cuerpo. Nos enfermamos emocionalmente y posiblemente mentalmente. Incluso nuestro cuerpo físico sufre las consecuencias del pecado que ocultamos. El pecado que no es confesado, nos agota.

En un campamento de verano donde prediqué, mostré a los jóvenes una ilustración de lo que nos pasa cuando escondemos el pecado. Le pedí a un joven que se pusiera una mochila y luego llené esa mochila con piedras pesadas. El joven casi se cayó hacia atrás debido al peso de las rocas. A continuación, cerré la mochila. Les recordé a los jóvenes sentados frente a él que no podían ver las rocas porque estaban escondidas dentro de la mochila. De hecho, algunos de los que estaban frente a él ni siquiera podían ver la mochila. Pero lo que sí vieron todos fue cuán incómoda estaba aquella persona con la carga tan pesada. Estaba tenso y cansado. Le tomó mucha energía mantenerse de pie debido al peso de esas rocas. Luego le pedí que corriera. Me miró sorprendido. Intentó correr, pero era difícil para su cuerpo físico. Le expliqué que eso es lo que el pecado secreto le hace a nuestra alma. Nos drena de fuerza espiritual. Nos frena en nuestra búsqueda de Dios. La gente no corre hacia

Dios porque es difícil correr con un peso sobre la espalda. Continué afirmando que no es la carrera la que es ardua, sino que nuestro corazón es el que pesa.

Por eso el autor de Hebreos dice: *"despojémonos de todo peso y del pecado que nos asedia, y corramos con paciencia la carrera que tenemos por delante"* (Hebreos 12:1 RVR1960). Eres tú quien tiene que dejar a un lado todo peso para poder correr la carrera. Si crees que el cristianismo es difícil, tal vez sea porque tu corazón anda pesado. Tal vez estas cargando el peso de un pecado que no has confesado y esa lucha interior te está agobiando. El pecado secreto nos enferma y nos hunde en un letargo espiritual.

David testifica: *"Pero te confesé mi pecado, y no te oculté mi maldad. Me dije: «Voy a confesar mis transgresiones al Señor», y tú perdonaste mi maldad y mi pecado"* (Salmo 32:5). Él reconoció su pecado, se negó a esconderse y confesó; mira la respuesta de Dios: *"Tú perdonaste mi maldad y mi pecado"*. Eso es lo que Dios va a hacer también por ti.

Quítate la Máscara, no la Corona

Cuando nacimos de nuevo, nuestro espíritu recibió vida: *"aun estando nosotros muertos en pecados, nos dio vida juntamente con Cristo"* (Efesios 2:5 RVR1960). Él nos hizo perfectos para siempre mediante el único sacrificio de Jesús (Hebreos 10:14). De hecho, nuestro espíritu está unido a Jesús y por eso es perfecto: *"Pero el que se une al Señor se hace uno con él en espíritu"* (1 Corintios 6:17). Dios nos ha dado el Espíritu Santo como un sello o como el anillo grabado del Rey, es una garantía irreversible de que le pertenecemos (Efesios 1:13). Puesto que somos seres espirituales (nuestro ser verdadero) y porque nuestro espíritu se ha unido y se ha hecho uno con Jesús, Dios nos ve perfectos, igual que Jesús mismo es perfecto. *"Pero ahora Dios, a fin de presentarlos santos, intachables e irreprochables delante de él, los ha reconciliado en el cuerpo mortal de Cristo mediante su muerte"* (Colosenses 1:22). Esa es una noticia muy poderosa. Todo eso es posible gracias a la muerte de Jesús en la cruz.

Aunque nuestro espíritu humano ha sido perfeccionado, nuestra alma y nuestro cuerpo no lo son. Nuestra alma se encuentra siendo perfeccionada constantemente. Todavía está siendo salvada por la renovación de nuestras mentes. *"Porque con un solo sacrificio ha hecho perfectos para siempre a los que está santificando"* (Hebreos 10:14). Somos perfectos para siempre. Piénsalo un momento. No esta diciendo que eres perfecto hasta que cometas tu próximo error o que eres perfecto hasta que vuelvas a pecar. Sino que es para siempre. El amor de Dios por ti no cambia cuando te caes. Nuestro espíritu es perfecto para siempre, lo que pasa es que estamos siendo continuamente santificados en nuestras almas. Ya somos perfectos en nuestro espíritu pero estamos siendo perfeccionados en nuestra alma (el hogar de nuestra mente, voluntad y emociones).

Muchos cristianos no están seguros de su salvación en Jesús. Sienten que cada vez que pecan, pierden su salvación. Entonces necesitan confesar su pecado rápidamente para recuperar su salvación. Yo viví con mis padres durante veinticuatro años hasta que me casé. En veinticuatro años de mi vida, cometí errores, les provoqué enojo, dije cosas de las que ahora me arrepiento e hice cosas que desearía no haber hecho nunca.

A pesar de ello, mis padres nunca me rechazaron y ni una sola vez pensé que fueran a deshacerse de mí. Su amor por mí era incondicional. No me lo merecía ni tampoco me lo había ganado. De hecho, ellos me amaron con este amor perfecto desde que nací. Aunque yo era un bebé, totalmente indefenso, me querían incluso antes de que pudiera hablar, caminar y ser útil en la casa. Mis padres no son perfectos, pero mi lugar en sus corazones como hijo está asegurado para siempre. Eso nunca cambiará. A menos que yo decidiera rechazarlos, renunciar a mi apellido y abandonarlos por completo.

Gimnasio vs Familia

La salvación se conoce como el nuevo nacimiento. Es un nacimiento en el reino de Dios. Nacemos en la familia de Dios, y por lo tanto Dios se covierte en nuestro Padre celestial. No puedes unirte a la familia de Dios; debes nacer en ella. Puedes unirte a una iglesia local, pero el reino de Dios solo tiene una entrada que es el "nacimiento". Jesús lo llamó el nuevo nacimiento. Esto ocurre al creer que la muerte de Jesús en la cruz fue por nuestros pecados y que constituye la única vía para nuestra salvación.

Ser parte de una familia es diferente a ser miembro de un gimnasio.

Cuando me uní al gimnasio local, acepté las reglas y los pagos y, en base a esto, me convertí en miembro del gimnasio. Cada mes pago mi cuota mensual y disfruto del acceso a esa facilidad. Pero si no pago mis cuotas mensuales, mi tarjeta de membresía dejará de funcionar. Ya no tendré acceso al gimnasio.

Además, si rompo una de las reglas, mi membresía será cancelada. Así es como funciona la membresía a un club.

La pertenencia a la familia de mi padre es diferente. Yo no tuve que cumplir requisitos para convertirme en su hijo. No tenía que aceptar ninguna regla para ganarme un lugar en la casa de los Savchuk. No me pidieron requisitos para aceptarme, recibirme y cuidarme. No tenía que cumplir normas para ganarme su amor. Tampoco tenía que hacer pagos mensuales para mantener mi lugar en el hogar.

Pero no me malentiendas, cuando era pequeño, mis padres establecieron límites en nuestra casa. Tenía deberes que hacer y un horario de regreso a casa que cumplir. Teníamos reglas, pero no se establecieron para que yo pueda ganar mi posición de hijo y tampoco el hecho de romperlas me quitó mi posición de hijo en la familia.

En el gimnasio, las reglas condicionan mi relación con el gimnasio. En mi familia, las reglas confirman la relación con mi familia.

En el gimnasio, las reglas existen para poder unirse al gimnasio. En la familia, las reglas vienen después del nacimiento.

En el gimnasio, romper las reglas significa perder la membresía. En la familia, romper las reglas significa tiempo fuera.

En el gimnasio, pago cuotas mensuales para mantener mi membresía. En la familia, se trata de mantener una relación.

Cuando rompí las reglas en mi familia, no me quedé sin familia. Perdí ciertos privilegios. Teníamos ciertas disciplinas, como las nalgadas, cuando era más joven. Cuando era más grande, mis padres limitaban ciertos privilegios que yo podía disfrutar. Cuando nosotros como creyentes rompemos los mandamientos de Dios, hay ciertas consecuencias, pero perder nuestra salvación y a Dios como nuestro padre no es una de ellas.

Dios no nos castiga por nuestros pecados, eso ya sucedió en la cruz. Dios castigó a Jesús por todos nuestros pecados: pasados, presentes y futuros. Pero si rompemos las reglas de Su casa, nuestro amoroso Padre nos disciplina para desarrollar dentro de nosotros el fruto de la santidad.

El castigo es diferente a la disciplina:

El castigo es eterno, la disciplina es temporal.

El castigo es para los pecadores, la disciplina es para los santos.

El castigo proviene de la ira, la disciplina proviene del amor.

El castigo es después, la disciplina es ahora.

El castigo expulsa a la persona de la presencia de Dios, la disciplina la acerca más.

Las personas en este mundo que no viven de acuerdo a los mandamientos de Dios, terminarán separados eternamente de Él, aunque les parezca que sus pecados no les traen problemas mientras están aquí en la tierra. Pero cuando nosotros, como cristianos, nos rehusamos a caminar en obediencia a Dios, nuestro Padre nos disciplinará, aquí y ahora, para desarrollar dentro de nosotros un carácter obediente que se alinee con el carácter de Dios.

Nuevamente, el hecho de cumplir las reglas no significa que nuestra relación con Dios sea condicional. Es una confirmación positiva de nuestra relación. Romper Sus reglas no nos descalifica de la familia de Dios. Romper Sus reglas no nos echa fuera de la casa. Quizás experimentemos un "tiempo fuera" espiritual o Su disciplina, pero todo eso proviene de Su amor fiel. Dios nos acerca a Él para producir en nosotros Su carácter.

El Justo Cae Siete Veces

El hecho de ser salvos no significa que nunca volveremos a pecar. El justo cae siete veces y vuelve a levantarse (Proverbios 24:16). En otras palabras, no dejamos de ser justos porque nos caemos. Jesús es quien nos hace justos, no nuestros esfuerzos para "nunca volver a caer". La justicia no es una garantía de que nunca caeremos; es una garantía de que nos volveremos a levantar cuando caigamos.

La justicia proviene de tener aceptación delante de Dios (es un obsequio) que nos conduce a vivir correcta y honorablemente ante Dios. Vivir correctamente es un proceso que conlleva tiempo. La justificación ante Dios es un don que nos es dado a través de Jesucristo, pero el vivir correctamente es nuestro estatus a diario.

Por ejemplo, cuando nací, inmediatamente me convertí en hijo de mis padres. No tuve que trabajar para ser su hijo. Me convertí en su hijo al nacer. Fue un regalo. Por eso, cuando el hijo pródigo trató de decirle a su padre arrepentido: *"Padre, he pecado contra el cielo y contra ti, y ya no soy digno de ser llamado tu hijo"* (Lucas 15:21 RVR1960), su padre no dejó que el hijo terminara con esa conclusión; les dijo a los sirvientes que prepararan un banquete. El arrepentimiento del hijo pródigo fue real y genuino, pero estaba equivocado en una cosa. No eres hijo por mérito; eres hijo por nacimiento. Yo me convertí en hijo por nacimiento, no por mérito. La posición que ocupo en el corazón de mis padres nunca cambiará. Soy su hijo.

Cuando aprendí a hablar y caminar, todavía era su hijo.

Cuando fui a la escuela y me gradué, todavía era su hijo.

Cuando obtuve mi licencia y conseguí mi primer trabajo, todavía era su hijo.

Cuando me casé y me mudé de su casa, seguí siendo su hijo.

Mi posición como hijo no mejoró a medida que yo crecía. Mi posición como hijo en el hogar de mis padres me proporcionó amor, cuidado y un lugar donde pude crecer desde bebé hasta ser estudiante, empleado, esposo y ahora pastor. Todo el crecimiento que sigo experimentando en la actualidad no me hace más "hijo". Hoy sigo siendo el mismo hijo que cuando era un bebé. El crecer no me hizo más hijo de mis padres; solo a través del nacimiento me convertí en su hijo y continuo siéndolo.

Así es como funciona la justicia. Es estable, segura y no cambia aunque nuestros hábitos, carácter y actitud cambien. Vivir rectamente se desarrolla con el tiempo, a medida que cambias gradualmente. El crecimiento espiritual solo es posible cuando estás firmemente anclado en la justicia que se te da en tu segundo nacimiento.

El crecimiento viene naturalmente, tanto física como espiritualmente. Crecemos lento pero seguro. Así como un bebé come, llora y duerme, nosotros crecemos alimentándonos de la Palabra de Dios, clamando a Dios en oración y durmiendo en la seguridad de la gracia de Dios. Conforme fui creciendo, aprendí a caminar, a hablar y a desarrollar buenos hábitos gracias a la instrucción y el amor de mis amados padres. Yo no quería seguir siendo un niño pequeño toda mi vida. No quería mamar el pecho de mi madre a los trece años, ni que me empujaran en carriola a los veinticinco. El crecimiento es natural para los que están vivos y sanos.

De igual manera, es natural crecer en una vida de justicia para aquellos que son justos.

Por eso Proverbios nos dice que el justo cae pero se levanta. Su nuevo espíritu no quiere pecar, pero su alma todavía está siendo santificada. El don de la justicia de Dios no hace que sea imposible pecar, pero hace que sea imposible permanecer en ese pecado. Aquellos que han sido regenerados en Cristo buscan maneras de vencer el pecado, no una excusa para vivir en el pecado. *"Todo aquel que es nacido de Dios, no practica el pecado, porque la simiente de Dios permanece en él; y no puede pecar, porque es nacido de Dios. En esto se manifiestan los hijos de Dios"* (1 Juan 3:9-10). Tu fracaso no es tu identidad. El pecado no es tu identidad. Jesús es tu identidad.

Cuando una oveja cae en el lodo, comienza a quejarse, pero cuando un cerdo cae en el lodo, juega en el. Nosotros somos ovejas, no cerdos. Satanás usa el pecado para hacernos sentir culpables y avergonzados. Él nos hace dudar de nuestra salvación y cuestionar el amor de Dios por nosotros. Él quiere que nos escondamos de Dios como lo hizo Adán y culpemos a otros por nuestro pecado para que no recibamos la gracia que necesitamos para vencerlo.

Estimado lector, tú no estás buscando una excusa para permanecer en cautiverio. Si lo fueras, no estarías leyendo este libro. No dejes que el diablo te mienta diciendo que la gracia de Dios se ha agotado a causa de tu debilidad y muchos fracasos. Mi propio hermano, que por siete años fue adicto a las drogas, vivía en nuestra casa y les trajo tanto dolor a mis padres debido a sus acciones y actitud. Ellos no lo desheredaron; no lo echaron fuera de su casa. Lo amaron, le hablaron, oraron y se preocuparon por él. También sufrieron por causa de él. Después de siete años se arrepintió y ellos lo perdonaron. Fue el amor y la misericordia que le mostraron a su hijo, lo que lo ayudó a superar la esclavitud en la que se encontraba.

Para aquellos que en este momento me acusan en su corazón de que estoy dando a la gente una licencia para pecar, permítanme recordarles que los pecadores no necesitan una licencia para pecar. Ellos pecan sin licencia. De ninguna forma la gracia de Dios nos otorga una licencia para pecar; sino que nos otorga el poder para vencer al pecado. La culpa, la vergüenza, el miedo y la duda no te dan poder sobre el pecado. Solo te dan poder para pecar. Dios usa la gracia, no la culpa, para ayudarnos a salir de nuestro pecado. Es por eso que Jesús le dijo a la mujer sorprendida en el acto de adulterio, *"Tampoco yo te condeno. Ahora vete, y no vuelvas a pecar"* (Juan 8:11). ¿Observas que Su primera declaración es "Yo no te condeno", seguida de "vete y no vuelvas a pecar"? Ese es el secreto. Si quieres seguir adelante y no pecar más, debes aceptar el regalo de Jesús: "no hay condenación". Si te vas de Su presencia sintiéndote condenado, ¡pecarás de nuevo! La condenación conduce a más pecado.

Si caes en el mismo pecado una y otra vez, levántate. Las personas no se ahogan al caer al agua; se ahogan por quedarse en el agua. ¡Entonces levántate! Confiésalo a Dios;

confiésalo a alguien en quien confíes; recibe su misericordia, y perdónate a ti mismo. No te dejes guiar por la culpa y la vergüenza, creyendo que castigarte a ti mismo te hará sentir mejor. Si el sacrificio de Jesús no fuera suficiente por tu pecado, Él te lo hubiera dicho. Si Su muerte en la cruz no fuera suficiente, Él te pediría que añadieras tu sufrimiento personal a Su redención. Su muerte fue suficiente. Su sacrificio fue suficiente. No es necesario que te lastimes para demostrarle a Dios que estás verdaderamente arrepentido. A diferencia de otros, Dios puede leer tu mente y leer tu corazón. Él conoce tu corazón. Deja de castigarte. Su sacrificio en la cruz fue suficiente.

La Cruz se Encargó de
El Pasado, Presente y Futuro

Lo que me da valentía para levantarme cuando me caigo es saber que el sacrificio de Jesús fue suficiente. Su muerte en la cruz no solo pagó por los pecados del pasado sino también por los pecados presentes y futuros.

"Y ciertamente todo sacerdote está día tras día ministrando y ofreciendo muchas veces los mismos sacrificios, que nunca pueden quitar los pecados; pero Cristo, habiendo ofrecido una vez para siempre un solo sacrificio por los pecados, se ha sentado a la diestra de Dios" (Hebreos 10:11-12 RVR1960). A diferencia de los sacerdotes del Antiguo Testamento que tenían que ofrecer sacrificios cada año por sus propios pecados y luego por los pecados de otras personas, Jesús mediante un solo sacrificio se encargó de

todos nuestros pecados, para siempre. Piénsalo, cuando Jesús estaba muriendo en la cruz por nuestros pecados hace dos mil años, todos nuestros pecados en ese momento pasaron a ser pecados futuros. Lo que ves hoy en día como tus pecados pasados eran "tus pecados futuros" por los cuales Jesús murió hace dos mil años. Cada vez que pecas, Jesús no viene una y otra vez a morir por cada pecado. Lo hizo una sola vez por todos los pecados del pasado, presente y futuro. Por eso Él es superior a cualquier sacerdote del Antiguo Testamento. Él no solo es nuestro sacerdote, sino también el sacrificio perfecto por todos nuestros pecados. ¡Aleluya!

"Dios nos dio vida en unión con Cristo, al perdonarnos todos los pecados" (Colosenses 2:13). ¡Jesús perdonó todos nuestros pecados! La palabra "todos" en la escritura anterior es la palabra griega *"pas,"* que significa "toda clase o variedad, la totalidad de las personas o cosas referidas".[9] Se refiere a "todo, cualquiera, cada y la totalidad".[10] Así que "todos" significa absolutamente todos. El perdón de Dios por nuestros pecados cubre todos los pecados: ¡pasados, presentes y futuros! Cuando recibimos al Señor Jesús como nuestro Salvador, recibimos el perdón total y completo de todos nuestros pecados.

---

9   NT: 3956, William Edwy Vine, Diccionario expositivo de palabras bíblicas de Vine. Copyright © 1985, Editorial Thomas Nelson.

10 NT: 3956, James Strong, Bible soft's New Exhaustive Strong's Numbers and Concordance with Expanded Greek-Hebrew Dictionary. Copyright © 1994, 2003, 2006 Biblesoft, Inc. e International Bible Translators, Inc.

"¿Qué concluiremos? ¿Vamos a persistir en el pecado para que la gracia abunde? ¡De ninguna manera! Nosotros, que hemos muerto al pecado, ¿cómo podemos seguir viviendo en él?" (Romanos 6:1-2). Esta buena noticia no es una excusa para pecar, sino para glorificar a Jesús por Su gracia maravillosa. Esta buena noticia nos da poder para vencer el pecado. No tengas miedo de la gracia de Dios solo porque alguien que no ha nacido de nuevo, la pueda estar usando para justificar su estilo de vida pecaminoso. Recuerda que no vencemos al diablo esforzándonos más; la Biblia dice que lo vencemos por la sangre del Cordero (Apocalipsis 12:11) *"...y la sangre de su Hijo Jesucristo nos limpia de todo pecado"* (1 Juan 1:7).

La Confesión Elimina la
Conciencia del Pecado

El confesar tus pecados como santo tiene dos enormes beneficios: elimina tanto la conciencia culpable del pecado, al igual que el espantoso control que Satanás pueda tener sobre tu corazón. 1 Juan 1:9 dice: *"Si confesamos nuestros pecados, Dios, que es fiel y justo, nos los perdonará y nos limpiará de toda maldad"*.

Esto no significa que Dios solamente perdonará el pecado si ha sido específicamente confesado. Mucha gente vive con miedo de que si no confiesan todos sus pecados antes de morir, no entrarán al cielo. La confesión no te da la salvación; Jesús es quien lo da. Orar la "oración del pecador" no te salva; Jesús te salva. La salvación viene a través de una persona y Su nombre es Jesús.

¡Cuando una persona se arrepiente y cree en el Evangelio de Jesucristo, todos sus pecados, pasados, presentes y futuros, son inmediatamente perdonados! Los cristianos confiesan sus pecados a Dios para practicar la humildad ante Él y reconocer las cosas malas que han hecho. Cualquier cosa que puedas confesarle a Dios, no lo sorprende en absoluto porque Él ya sabe lo que hiciste mal. Hay que ser humilde para admitir nuestros errores. La humildad es una parte vital que trae restauración a los hijos de Dios que han sofocado al Espíritu Santo pecando.

Cuando contenemos el pecado, contaminamos nuestra alma. El pecado que no es confesado nos infecta. Por lo tanto, confesarlo elimina la conciencia de tu pecado y fracaso. Dios ya es consciente de lo que hiciste mal, pero ¿lo eres tú? ¿Estás dispuesto a exponer tu corazón y admitirlo? Cuando expones a la luz el pecado lo que has estado escondiendo, tu conciencia se libera nuevamente. Confesar tu pecado es como lavarte las manos. Todos tenemos que hacerlo regularmente. No es lo mismo lavarse las manos que tomar una ducha. Los pecados que adquirimos en nuestro andar por la vida son como gérmenes sucios que nos hacen pecar. Pero si practicamos la confesión con regularidad, limpiaremos nuestra alma de esos pecados.

Durante la Última Cena antes de la crucifixión, Jesús le lavó los pies a sus discípulos, lo que se convirtió en una hermosa imagen y símbolo de nuestra limpieza espiritual como creyentes. Cuando Pedro se opuso a que Jesús le lavara los pies, Jesús le dijo: *"El que está lavado, no necesita sino lavarse los pies, pues está todo limpio; y vosotros limpios estáis, aunque no todos"* (Juan 13:10 RVR1960). "El que está lavado" se refiere a aquellos que han sido salvos al depositar su confianza en la sangre de Jesús, que se encargó de limpiar todos los pecados pasados, presentes y futuros. Pero, mientras caminamos por la vida, recogemos tantos contaminantes en este mundo que necesitamos ser lavados diariamente a través de la Palabra de Dios y la confesión de nuestras pecados. ¿Por qué? No para que podamos ser purificados de nuevo, pero, dado que ya estamos limpios, necesitamos mantener nuestra relación diaria con Jesús. *"Jesús le respondió: Si no te lavare, no tendrás parte conmigo"* (Juan 13:8). Jesús no solamente está interesado en salvarnos, sino también en santificarnos, lo cual se lleva a cabo a través de la lectura y meditación de la Biblia y la confesión de cualquier pecado revelado. Por eso, como creyentes nos bañamos una vez, pero nos lavamos muchas veces. Es como ducharnos cada día, y lavarnos las manos varias veces a lo largo del día.

El Señor usa la confesión para quitar las manchas de suciedad del corazón, así como Jesús quitó la suciedad de los pies de Sus discípulos lavándolos con agua. Cuando confesamos nuestro pecado al Señor, Él nos quita las manchas espirituales que el pecado pone en nuestra conciencia, nuestra alma.

Quítate la Máscara,
Elimina al Enemigo

Cuando Ester entró al salón del banquete por segunda vez, ella le reveló al rey la verdad sobre su identidad y su pasado. El rey que era su esposo, no se enojó con Ester por haber revelado la verdad sobre su ascendencia judía. Mientras compartía su pasado, también compartió que Amán tenía planes para exterminar al pueblo judío, incluyéndola a ella. Después de que Ester abrió su corazón y compartió su problema, el rey se enfureció con su malvado enemigo, Amán. Poco después, su enemigo fue expulsado del salón del banquete y colgado en la horca que había preparado para Mardoqueo, el primo de Ester.

El confesar nuestro pecado es una herramienta valiosa. Cuando nos quitamos la máscara, Dios elimina al enemigo. Cuando nos sinceramos con nuestras luchas, experimentaremos la libertad. *"Conocerán la verdad, y la verdad los hará libres"* (Juan 8:32). Solo podremos ser libres, en la medida que estemos dispuestos a ser honestos. Mientras estemos escondiendo, ocultando, culpando y acusando a otros, Dios no puede liberarnos. No estoy diciendo que Dios no te ame o no te acepte, pero Él no puede ayudarte si no le confiesas sinceramente lo que estás atravesando.

Es cierto que Dios ya nos ha perdonado para siempre en Cristo. No obstante, confesar nuestro pecado es esencial, es parte del proceso de santificación que nos ayuda a vencer nuestro pecado. Por favor, amigo mío, no luches en secreto ni sufras en silencio. ¡Saca a la luz esa cosa oculta! No me refiero a que lo publiques en Facebook o Instagram o que le envíes un mensaje a un "hombre de Dios" en las redes sociales, el cual no tiene ni idea de tu vida, contándole todo. Eso es ser débil. Llévalo a la cruz, a Jesús. Cuando hayas pecado, no te escondas de Dios, corre hacia Él.

Después de confesárselo a Dios, habla con tu cónyuge, con un mentor de confianza, con un pastor o con tus padres. Cuando te abres a alguien, tu corazón late más rápido y tu sangre se acelera. Necesitas hablar con transparencia y sinceridad. Luego verás como Dios no solo te limpiará, sino que te librará de la atracción que tienes a ese fruto prohibido. *"Por eso, confiésense unos a otros sus pecados, y oren unos por otros, para que sean sanados. La oración del justo es poderosa y eficaz"* (Santiago 5:16). Cuando confesamos nuestros pecados a los demás, dejamos de esconderlos. Sentimos un gran alivio y limpieza cuando confesamos. Cuando somos honestos con nuestras luchas, la presión de escondernos o justificarnos constantemente desaparece. Ser transparentes nos ayuda a eliminar nuestros secretos.

Otra gran razón para confesar nuestro pecado es que rompe el dominio sobre nuestras vidas. Satanás es el rey de las tinieblas. Sus obras se realizan mejor en la oscuridad y el pecado pierde su poder en la luz. El poder del pecado se debilita cuando es expuesto a la luz.

Por último, la confesión trae sanación. Como escribió Santiago en el capítulo cinco, debemos confesar nuestros pecados los unos a los otros, no para el perdón sino para la sanidad. La confesión produce sanidad emocional. Incluso la sanación física puede ocurrir por medio de la confesión de nuestros pecados.

Tenemos que confesar nuestro pecado a Dios, a un mentor o a nuestro compañero de rendición de cuentas, y a las personas que han sido afectadas por nuestro pecado. Por lo tanto, si tu pecado ha afectado a tu cónyuge, debes pedirle perdón. No esperes a que se entere. Solo hazlo por obediencia a la convicción del Espíritu Santo.

El grave error que cometió Judas después de haber pecado fue confesarlo a las personas equivocadas. Judas acudió a quien Jesús se refirió como "el que no está limpio" cuando les lavó los pies a los discípulos. *"Jesús sabía quién lo iba a traicionar, y por eso dijo que no todos estaban limpios"* (Juan 13:11). Judas necesitaba bañarse, no solamente un lavado de pies. Necesitaba conversión, no confesión. Esto es evidente porque decidió ahorcarse por el pecado que cometió, en lugar de confiar en Jesús que fue colgado por su pecado. Toda persona que no acepte la muerte de Jesús en la cruz tendrá que pagar por sus propios pecados. Judas no tenía que pagar por su pecado porque su Salvador ya lo estaba haciendo por él. Él quería devolver el dinero que le pagaron por traicionar a Jesús. La restitución es buena, pero si no nace del arrepentimiento, no conduce a la libertad. Aunque Judas devolvió el dinero, todavía se sentía culpable porque solo Dios concede el perdón. Los fariseos no podían concederle el don del perdón. De hecho, ¡ni siquiera les importaba! Ningún esfuerzo para limpiar tu vida te traerá paz si no recibes el perdón, la limpieza y la paz de Jesucristo.

Si no has nacido de nuevo, estarás tentado a hacer buenas obras constantemente para compensar las malas. Eso nunca será suficiente. Si las buenas obras fueran suficientes, entonces Jesús murió en vano. Tú estás destituido de la gloria de Dios. Pero Dios tiene buenas noticias para ti. Él te está ofreciendo el regalo de la vida eterna. No puedes ganar este regalo, debes recibirlo. Pagar por este regalo anularía su valor. Acepta Su regalo hoy mismo. Deja de intentar; empieza a confiar. Tus buenas obras no pueden borrar tus malas obras; solo Jesús puede. De hecho, oremos ahora mismo para que recibas a Jesús en tu corazón. Si crees que Él es el Hijo de Dios y estás listo para arrepentirte de tus pecados y confiar en Él, ora conmigo en voz alta:

"Señor Jesús, creo que eres el Hijo de Dios que vino a morir en la cruz por todos mis pecados. Soy un pecador con gran necesidad de Tu misericordia y gracia. Me arrepiento de todo lo que he hecho que Te ha ofendido a Ti y ha lastimado a otros. Por favor, perdóname por todo lo malo que he hecho. Jesús, ven a vivir en mí a través de Tu Espíritu Santo. Dame un nuevo corazón y una nueva naturaleza. Hazme Tu hijo hoy. Recibo Tu regalo de una nueva vida ahora mismo. Gracias Jesús. Amén".

Si oraste esta oración por primera vez o te encuentras regresando al Señor, envíame un correo electrónico para que pueda enviarte información sobre como desarrollar tu nueva relación con el Señor al correo: info@vladimirsavchuk.com

Ahora, si tú ya has nacido de nuevo y has recaído, o sigues resbalando y cayendo, simplemente confía en el amor de Dios por ti. Las atracciones del mundo y sus fantasías pecaminosas se desvanecerán a medida que comiences a atesorar más y más Su amor por ti. ¡Vuelve a Jesús! Él limpiará tu conciencia y restaurará tu alma.

Hoy mismo, encuentra a alguien a quien le puedas confesar las cosas que están oprimiendo tu alma. Creeré y oraré contigo por tu libertad. Lo que el rey hizo por Ester, Jesús lo hará por ti. Amán será removido del palacio. Aunque es una gran noticia, el hecho de quitar a Amán no significa que la batalla haya terminado.

Pensamientos para Compartir

Usa los hashtags #fightbackbook #pastorvlad

Tarde o temprano lo que hacemos en secreto se hará público.

La gente se cansa de correr hacia Dios porque es difícil correr con un peso sobre la espalda.

Aunque nuestro espíritu es perfecto para siempre, continuamente estamos siendo perfeccionados en nuestra alma.

Tu pecado y fracaso no son tu identidad. Jesús es tu identidad.

Si quieres seguir adelante y no volver a pecar, debes recibir el regalo de Dios, "no hay condenación para los que están en Cristo Jesús".

Cuando nos quitemos la máscara, Dios eliminará al enemigo.

No eres hijo por mérito; eres hijo por nacimiento.

CAPÍTULO 8
Contraataca

Marizza creció en un hogar donde padeció de abusos físicos, emocionales y verbales. Desde los 8 hasta los 12 años, fue abusada sexualmente por un miembro de su familia. Esto inició un ciclo de sueños lujuriosos en los que ella soñaba que estaba con alguien de su mismo sexo, lo que le causó una gran confusión interior. Estaba muy angustiada y desorientada, sin saber a dónde ir ni qué hacer.

Durante la siguiente etapa de su vida, Marizza se sintió rechazada y empezó a tener ideas suicidas. Con el paso del tiempo, todo parecía empeorar, Marizza descubrió que su padre tenía cáncer en estadio 4 y que le quedaban pocos meses de vida. En su desesperación, Marizza buscó consuelo en los lugares equivocados. El abuso y el abandono de todos los hombres en su vida distorsionaron su percepción de lo que debía ser un hombre decente. Marizza abandó la esperanza en los hombres y comenzó a actuar conforme a los sueños lujuriosos que tenía de joven y así se embarcó en su primera relación con alguien de su mismo sexo. Con el pasar del tiempo, un día se enteró de que una de sus amigas se había quitado la vida, poco antes de que falleciera su padre. La notica la afectó negativamente. Perdió la dirección de su vida y al borde de cometer suicidio, finalmente fue ingresada en un centro psiquiátrico.

Aunque ella no era consciente del interés que Dios tenía en su vida, Él siempre estuvo allí ayudándola y dándole esperanza. Después de algún tiempo, Marizza se unió a un equipo local de lucha libre donde conoció a su amiga Marylou, quien más tarde la invitó a la iglesia Hungry Generation. Sin saber a lo que se estaba metiendo, Marizza comenzó a asistir a la iglesia con regularidad. Empezó a darse cuenta de que el Dios de la Biblia no es pasivo, por el contrario, Dios es muy activo y está vivo actualmente. Dios se volvió muy real para ella. Después de experimentar su primera liberación, comenzó a pasar varias veces por las filas de oración. Poco a poco, durante cada línea de oracion por la que participó, espíritus impuros se fueron desprendiendo de Marizza, como la atracción por el mismo sexo, las tendencias suicidas, la vergüenza y sus heridas del pasado.

Incluso cuando volvía a reincidir en pecados pasados, el Espíritu Santo siempre la perseguía y la llamaba para que volviera a Él. Marizza era como una persona ciega que por fin podía ver; el velo se había levantado. Ella entregó totalmente su vida a Jesús y fue llenada con el Espíritu Santo. El Señor se convirtió en su protector, defensor y la figura paterna en la que finalmente podía confiar y respetar.

El Enemigo es Derrotado,
el Complot se ha Revertido

"Ese mismo día el rey Asuero le dio a la reina Ester las propiedades de Amán, el enemigo de los judíos. Mardoqueo se presentó ante el rey, porque Ester le había dicho cuál era su parentesco con ella" (Ester 8:1). El enemigo había sido derrotado y el rey entregó la casa de Amán a Ester. Cuando Jesús murió en la cruz, Él derrotó por nosotros a nuestro enemigo espiritual. *"Desarmó a los poderes y a las potestades, y por medio de Cristo los humilló en público al exhibirlos en su desfile triunfal"* (Colosenses 2:15).

Sin embargo, a pesar de que Amán había sido ahorcado, su malvado complot para destruir a todos los judíos seguía en efecto. *"Luego Ester volvió a interceder ante el rey. Se echó a sus pies y, con lágrimas en los ojos, le suplicó que pusiera fin al malvado plan que Amán el agagueo había maquinado contra los judíos"* (Ester 8:3). Ester se alegró de que el enemigo fuera derrotado, pero luego suplicó al rey que concediera poder a su pueblo para contraatacar. El rey honró su petición y entonces se enviaron cartas dando a los judíos una oportunidad para luchar.

Ahora, no solo estaban celebrando una gran victoria sobre su enemigo, sino que estaban autorizados a luchar desde su posición de victoria contra su enemigo. *"El edicto del rey facultaba a los judíos de cada ciudad a reunirse y defenderse, a exterminar, matar y aniquilar a cualquier fuerza armada de cualquier pueblo o provincia que los atacara a ellos o a sus mujeres y niños, y a apoderarse de los bienes de sus enemigos"* (Ester 8:11). Fíjate en la redacción del documento dirigido al pueblo judío. Se les permitía exterminar, matar y aniquilar a los que querían atacarlos y destruirlos. Sé que esto es lenguaje de clasificación R y suena muy cruel, pero nuestro enemigo Satanás también viene a matar, robar y destruir (Juan 10:10). En este caso, a los judíos se les permitió actuar recíprocamente, hacer al enemigo lo que el enemigo había planeado hacerles a ellos.

El rey no solo eliminó al enemigo Amán, sino que permitió al pueblo judío luchar contra las fuerzas que seguían operando, incluso después de la muerte de Amán. El pueblo tenía un aliado en el palacio que los animó a luchar y ganar. Su enemigo estaba asustado porque su líder Amán fue derrotado. El enemigo no tenía ninguna esperanza si los judíos ocupaban el lugar que les correspondía. La única forma en que las fuerzas oponentes contra los judíos hubieran tenido éxito, era si los judíos no hubieran sabido que Amán había sido derrotado y que estaban autorizados para luchar y ganar. Esa ignorancia les hubiera costado la victoria. La buena noticia que los mensajeros llevaron a los judíos fue que estaban autorizados. Esto les trajo alegría y gozo incluso antes de tener que luchar. *"Para los judíos, aquel fue un tiempo de luz y de alegría, júbilo y honor. En cada provincia y ciudad adonde llegaban el edicto y la orden del rey había alegría y regocijo entre los judíos, con banquetes y festejos. Y muchas personas de otros pueblos se hicieron judíos por miedo a ellos"* (Ester 8:16-17).

Satanás no quiere que te enteres de su derrota y tu autoridad en Cristo. Él es el rey de la oscuridad y la oscuridad es la ausencia de luz. Cuando vives sumido en la ignorancia, eres fácilmente derrotado. No es porque el diablo sea poderoso, sino porque ignoras cuán poderoso eres en Cristo. En este capítulo Dios dejará al descubierto la verdad, para que las mentiras del adversario sean removidas. Puedo proyectar el gozo, la alegría y el honor que inundarán tu corazón, a medida que conozcas la verdad acerca de cuán victorioso eres en Jesucristo.

Jesús hizo más que solamente derrotar al enemigo. Él dijo: *"Sí, les he dado autoridad a ustedes para pisotear serpientes y escorpiones y vencer todo el poder del enemigo; nada les podrá hacer daño"* (Lucas 10:19). Nuestro enemigo ciertamente ha sido desarmado y derrotado.

Creado para el Dominio

Fuimos hechos a la imagen de Dios y creados para el dominio. Y Dios *"los bendijo con estas palabras: Sean fructíferos y multiplíquense; llenen la tierra y sométanla; dominen a los peces del mar y a las aves del cielo, y a todos los reptiles que se arrastran por el suelo"* (Génesis 1:28). Dios nos bendijo con el poderoso mandamiento de ser fructíferos y multiplicarnos, de llenar la tierra y someterla. Y luego vemos esta parte de nuestro ADN espiritual, el "dominio". Fuimos creados para el dominio, no para la liberación. Debido a que fallamos en ejercer dominio sobre la serpiente, nos encontramos en la necesidad de ser librados del dominio de el enemigo. Para ejercer dominio, necesitamos un enemigo. Dios colocó a esa serpiente vieja bajo los pies de Adán y Eva. Eso fue una bofetada en la cara del diablo, para ser sometido bajo la autoridad de los seres humanos que habían existido por unos pocos días después de su creación. Adán y Eva ni siquiera habían estado en el cielo. No habían escuchado a los ángeles cantar y tampoco habían ido a una escuela de teología. Se les dio dominio sobre el enemigo de Dios que sedujo a un tercio de Sus ángeles. Dios tenía mucha confianza en Adán. Dios tenía fe en Eva. A menudo hablamos acerca de tener fe en Dios, pero quiero recordarte que Dios tuvo fe en ti, cuando te dio autoridad y dominio.

Adán y Eva fueron colocados en el paraíso. Este espléndido lugar también tenía una serpiente. Así es, el paraíso tenía un parásito. Estar en el paraíso no significa la ausencia de el enemigo, sino el dominio sobre él. La visión de Dios de la buena vida en la tierra no era la ausencia de la batalla. La bendición es caminar en victoria ejerciendo nuestro dominio. El mundo perfecto de Adán tenía una serpiente. Y todavía era perfecto porque Adán tenía dominio. Pero cuando Adán desobedeció a Dios, perdió ese dominio y quedó bajo el dominio de el adversario.

Cuando Jesús, el Hijo de Dios, se enfrentó al tentador en el desierto, el diablo no ocultó el hecho de que la autoridad en la tierra le pertenece ahora a él. *"Sobre estos reinos y todo su esplendor —le dijo—, te daré la autoridad, porque a mí me ha sido entregada, y puedo dársela a quien yo quiera"* (Lucas 4:5). Declaró que toda esa autoridad se le había entregado a él. Mmm... me pregunto, ¿quién se la entregó al diablo? ¡Definitivamente no fue Dios! *"Los cielos le pertenecen al Señor, pero a la humanidad le ha dado la tierra"* (Salmo 115:16). Dios entregó la tierra a Sus hijos, los hijos de los hombres. Evidentemente, Dios no dio al hombre la posesión de la tierra, porque la tierra le sigue perteneciendo al Señor. *"De Jehová es la tierra y su plenitud; El mundo, y los que en él habitan"* (Salmo 24:1). Dios tiene el título de propiedad de la tierra, pero Él le dio la responsabilidad y el dominio a los humanos. Por eso culpar a Dios por lo que sucede en la tierra no está bien. Es como si tus padres te dieran un coche y tú lo destrozarías; no puedes culpar a tus padres. Podrías ir y pedirles dinero para arreglarlo, pero culparlos después de haber conducido imprudentemente es absurdo. A través del pecado, nos entregamos al enemigo, abandonamos nuestro dominio y nos convertimos en esclavos del pecado.

Estamos caminando en dominio sobre el diablo o viviendo bajo su dominio por medio de el pecado. Debido a que perdimos nuestro dominio, estamos en necesidad de liberación. Ten en cuenta que no fuimos creados para la liberación, sino para el dominio.

La liberación se ha convertido en nuestra necesidad porque fallamos en ejercer dominio.

El Dominio es Restaurado a Través de la Cruz

Cuando Jesús nos liberó de las garras del diablo, uno pensaría que no volvería a confiarnos Su autoridad, ya que fallamos la primera vez. Se podría suponer que Dios aprendería una lección: 'No confíes el dominio a los seres humanos. No saben qué hacer con eso. Solo líbralos y mantenlos a salvo hasta el rapto. No confíes en ellos para resistir al engañoso Satanás. No les confíes para echar fuera demonios. El diablo y sus demonios son astutos y engañosos. Si podían manipular a los ángeles para engañarlos, cuánto más simples humanos'.

Lo voy a decir de nuevo, Dios cree en nosotros más de lo que nosotros confiamos en Él. Porque después de nuestra liberación de vida entregada al pecado, Jesús dijo: *"Yo veía a Satanás caer del cielo como un rayo… Sí, les he dado autoridad a ustedes para pisotear serpientes y escorpiones y vencer todo el poder del enemigo; nada les podrá hacer daño"* (Lucas 10:18-19). Dios está inmediatamente confiando en nosotros nuevamente con autoridad. Por ejemplo, los discípulos de Jesús todavía no habían madurado. De hecho, aún no habían sido bautizados en el Espíritu Santo. Jesús no esperó a que terminaran el seminario bíblico para darles autoridad. El diablo es poderoso, ¡pero no es todopoderoso! Nuestro enemigo tiene poder, pero nosotros tenemos autoridad sobre todo su poder por medio de nuestro Señor Jesucristo.

"Pues si por la transgresión de uno solo reinó la muerte, mucho más reinarán en vida por uno solo, Jesucristo, los que reciben la abundancia de la gracia y del don de la justicia" (Romanos 5:17 RVR1960). Satanás gobierna sobre la humanidad a causa del pecado, no obstante, nosotros podemos gobernar sobre él, gracias al don de Dios de la

justicia y a través de la abundancia de Su gracia. El dominio nos fue dado primero en la creación, y luego Jesús tuvo que restaurarlo en la cruz. Somos salvos por gracia a través de la fe, pero también estamos facultados por la gracia para reinar en vida. Muchos de nosotros nos apropiamos únicamente de la gracia necesaria para llegar al cielo, pero sin haber buscado la abundancia de gracia necesaria para reinar mientras estamos aquí en la tierra.

Los creyentes de hoy en día son como el pueblo de Israel que salió de Egipto pero no logró entrar a la tierra prometida. Hemos sido salvados por gracia, pero ahora es tiempo de ser empoderados por esa misma gracia para reinar. Si tú has sido librado del poder del pecado, las maldiciones y los demonios, es hora de avanzar para caminar en el dominio.

Como vemos con Ester, el rey salvó su vida de la muerte y destrucción inmediata, pero ella no se conformó con eso. Ella se presentó solicitando autoridad para tener dominio sobre sus enemigos y poder contraatacar. El rey le concedió ese permiso.

Nuestro rey Jesús nos da el don de la justicia y Su gracia soberana para reinar en vida. No te conformes con la liberación de el pecado. Continúa con el diseño original que Dios tiene para ti, el cual es el dominio en la vida. La gracia no se nos da para ayudarnos meramente a sobrevivir, sino para prosperar.

Lo Que No Se Ha Eliminado

Estás empoderado para resistir. Sí, amigo mío. Cualquier cosa que Dios no ha eliminado, Él te ha dado poder para vencer. El rey eliminó a Amán, pero empoderó a los judíos para resistir al resto de sus enemigos que no fueron eliminados por la derrota de Amán. El siguiente paso les correspondía a los judíos. La decisión era suya. Los judíos podían quedarse sentados y quejarse de por qué el rey no había eliminado el plan maligno después de eliminar a Amán (el edicto era irrevocable), o podían asumir su lugar de autoridad y luchar. ¡Y vaya que sí lucharon!

Puede ser que en tu vida personal sientas que Dios no ha eliminado todo lo que le has pedido que elimine. Tal vez todavía estás esperando que Dios te de libertad. Quizás Dios está esperando que tú comiences a caminar en la victoria diaria. ¿O quizás Dios ya eliminó a tu "Amán" y ahora Él está esperando a que te defiendas? ¿Y si la razón por la que Dios no te está "liberando", a pesar de que escapaste de Egipto, es porque ahora estás en la tierra prometida, donde se te ordena luchar contra los enemigos y tomar sus territorios?

Jesús dijo: *"Desde los días de Juan el Bautista hasta ahora, el reino de los cielos sufre violencia, y los violentos lo arrebatan"* (Mateo 11:12). Estamos viviendo esos días ahora mismo, los días de Juan el Bautista. Estos son los días en que el Señor está construyendo un poderoso ejército de soldados. Muchos de nosotros estamos contentos de vivir como bebés en guarderías espirituales. ¿Notaste que Jesús dijo que este poderoso ejército de soldados lo arrebatará a la fuerza? No están esperando que Dios les dé algo primero. Tienen el Espíritu Santo que les recuerda lo que ya es suyo en Cristo Jesús. A través de la fe y la oración, toman autoridad, expulsan la oscuridad y avanzan hacia el reino de Dios.

Ya No Eres un Esclavo

Solíamos ser esclavos del diablo, pero después de ser liberados de nuestro Egipto espiritual, podemos ser tentados a desarrollar una mentalidad de supervivencia. Una mentalidad de supervivencia es una mentalidad de víctima. Debemos aceptar el llamado a ser un buen soldado de Dios. *"Comparte nuestros sufrimientos, como buen soldado de Cristo Jesús"* (2 Timoteo 2:3). Israel no podía poseer la tierra prometida con una actitud de víctima. De hecho, las personas que fueron liberadas no entendían realmente como los consideraba Dios; vivieron como esclavos en sus mentes y murieron como víctimas en el desierto. Por supuesto, culparon a Dios por sus fracasos. Esperaron que Dios hiciera todo por ellos. Debido a que no lograron convertirse en soldados, murieron como esclavos, a pesar de que estaban libres de Egipto.

En Egipto eran esclavos; en la tierra prometida, tenían que ser soldados.

En Egipto obtuvieron liberación; en la tierra prometida tenían que caminar en dominio.

En Egipto, Dios los liberó de faraón; en la tierra prometida, Dios les encomendó a los filisteos.

En Egipto las plagas atacaron al enemigo; en la tierra prometida ellos eran la plaga - su presencia provocaba terror a las naciones.

En Egipto huyeron del enemigo; en la tierra prometida el enemigo huyó de ellos.

En Egipto, Moisés usó la vara; en la tierra prometida, Israel siguió el arca.

En Egipto pidieron cosas a los egipcios; en la tierra prometida simplemente las tomaron de los cananeos.

En Egipto estaban esclavizados; en la tierra prometida tenían batallas.

Israel esperaba que Dios hiciera en la tierra prometida lo que había hecho en Egipto. Pero Dios no los liberó al llegar a la tierra prometida. Por favor escúchame, esto es importante: en lugar de pasar de liberación en liberación, Dios quiere que pasemos de la liberación al dominio.

De la Libertad a la Lucha

Cuando diez de los espías vieron las posibles batallas que podían ocurrir en la tierra prometida, se asustaron. Su concepto de la vida después de la liberación de Egipto era similar a como algunos de nosotros vemos la vida después de la liberación. Pensaban que las cosas serían fáciles y que la vida sería maravillosa. A Israel le gustaba la idea de la tierra prometida, pero no el hecho de que los gigantes habitaban en ella. Solamente Josué y Caleb entraron en la tierra prometida. *"En cambio, a mi siervo Caleb, que ha*

mostrado una actitud diferente y me ha sido fiel, le daré pos-
esión de la tierra que exploró, y su descendencia la heredará"
(Números 14:24).

Caleb tenía una actitud diferente hacia las batallas. Tenía
el espíritu de un soldado. Mentalmente pasó de la libertad
a la lucha, de la liberación al dominio. Caleb decidió que
las batallas en la tierra prometida eran una señal de que él
estaba verdaderamente libre de Egipto. Las batallas eran la
prueba de que él ya no era un esclavo. Israel confió en Dios
para la liberación de Egipto, pero ahora Dios le confió el
dominio a Israel y les dio enemigos para conquistar. Dios
tiene más fe en nosotros que nosotros en Él. Es una nueva
temporada. Es hora de hacer que el enemigo huya. Es hora
de no tener miedo a las batallas. Las batallas son requisitos
para un gran avance.

De la Vara al Arca del Pacto

Examinemos atentamente este pasaje. La transición de
la liberación al dominio no fue fácil para los hijos de Israel
porque Moisés, quien les había conducido a la liberación,
yacía fallecido. El maná que los había sustentado en el
desierto se acabó. Ahora tenían que confiar en la promesa:
"Así como estuve con Moisés, también estaré contigo; no te
dejaré ni te abandonaré" (Josué 1:5).

Observa lo siguiente: para la liberación, dependemos
de un "Moisés" o de un ministro, pero para ejercer nuestro
dominio, tenemos que confiar en el Espíritu Santo. No

puedes permitir que la ausencia de Moisés debilite tu fe. La ausencia de Moisés es una señal de que Dios te está desarrollando para convertirte en Su guerrero. De hecho, no puedes caminar en victoria si siempre dependes de tu ministro o líder, que en su momento te ayudó a liberarte.

Estás entrando en una nueva temporada de tu vida. Estás listo para entrar en tu llamado original, el dominio, el cual puede que no se sienta bien a un principio. Porque se requiere vivir por fe y no dejarse controlar por los sentimientos. A lo largo de la liberación de Israel en Egipto, los israelitas dependieron de la vara de Moisés; luego los sacerdotes llevaron el arca del pacto de Dios sobre sus hombros a través del desierto. La liberación ocurrió porque alguien tenía la unción. Pero ahora no puedes caminar exitosamente en dominio a través de tu "tierra prometida" tomando prestada de la unción de otra persona. Tienes que poner esa arca del pacto sobre tus propios hombros. Establece tus propios tiempos de oración y ayuno. Entra en tu lugar secreto y descubre la intimidad con el Espíritu Santo.

Nadie puede entrar en la tierra prometida con la unción de Moisés. Puedes salir de Egipto así, pero vivir en tu propia "tierra prometida" o destino no sucederá de esa manera. Si confiar en los hombres de Dios te permitió salir de Egipto, recuerda que eso no funcionará en la próxima etapa de tu vida. Una mentalidad de dominio saludable requiere que no dependas de un hombre, sino de el Espíritu Santo.

Cuando Jesús estuvo en la tierra, la unción de Dios descansó sobre Él. Luego Jesús prometió que el Espíritu

Santo descansaría sobre Su Cuerpo, la iglesia, que entró en su "tierra prometida" cuando el Espíritu Santo descendió sobre los 120 discípulos presentes en el aposento alto, no solo sobre los apóstoles o profetas, sino sobre cada discípulo de Jesús. Sin una relación personal con el Espíritu Santo, no hay dominio. El Espíritu Santo es el arca del pacto y es hora de llevarlo a donde quiera que vayas. Debes darte cuenta de que el Espíritu Santo quiere tener una relación contigo, así que habla con Él, camina con Él y obedece Su voz. Si la vida en esclavitud fue el resultado de estar lleno de demonios, entonces la vida de dominio es el resultado de estar lleno del Espíritu Santo.

Contraatacar es diferente a recibir libertad. En búsqueda de la libertad, otra persona te ayudó a recibir liberación, como Moisés quien fue usado por Dios. Pero en la lucha, tú tienes que desarrollar tu propia relación personal con el Espíritu Santo.

De la Espera a la Acción

Cuando Israel estaba en Egipto, ellos esperaban que Dios los liberara, pero en la tierra prometida, Dios anticipaba a que ellos tomaran el dominio. En Egipto, Dios hizo todo por ellos y con muy poca participación de su parte. En la tierra prometida, Dios se desplegó junto con ellos, contando con su máxima participación.

Después de salir de Egipto, tuvieron que esperar a que el viento partiera el Mar Rojo, pero al entrar en la tierra prometida, Dios tuvo que esperar a que ellos entraran primero en el río Jordán, antes de detener la corriente. Parte de la promesa a Josué fue: *"yo les entregaré a ustedes todo lugar que toquen sus pies"* (Josué 1:3). Encuentro interesante que Dios no le dijo a Josué: "Te daré todo lugar que prometí a Abraham, Isaac y Jacob". En cambio dijo, "te daré todo lugar que tú mismo pises". Cada lugar por el que marchas. Cada lugar que aplastas bajo tus pies. Cada lugar que pisoteas. Eso nos habla de guerra. Eso requiere dominio.

Esto puede sorprenderte, pero Israel no obtuvo lo que se les prometió; solo obtuvieron aquello por lo que lucharon. Todos obtuvieron la liberación de Egipto, pero no todos obtuvieron dominio en la tierra prometida. Solo aquellos que estaban dispuestos a "pisotear", ejercer su autoridad, aplastar al enemigo, hacer guerra y luchar, obtuvieron algo. Lo mismo se aplica con nosotros. *"Y desde los días de Juan el Bautista hasta ahora, el reino de los cielos sufre violencia, y los violentos lo arrebatan"* (Mateo 11:12 RVR1960). Pablo le dice a Timoteo: *"Timoteo, hijo mío, te doy este encargo porque tengo en cuenta las profecías que antes se hicieron acerca de ti. Deseo que, apoyado en ellas, pelees la buena batalla"* (1 Timoteo 1:18). Es por eso que algunas personas no ven que se cumplen las palabras proféticas acerca de su destino. Suponen que Dios hará todo el trabajo por ellos. Dios te da palabras proféticas como una "tierra prometida" para ti. Créelo y actúa. Es hora de ocupar la tierra. Una promesa de Dios te convierte en un posible propietario.

Ahora es el momento de luchar desde tu posición de victoria para traerlo todo a la realidad en el reino físico. Como Israel, no luchamos por la victoria, pero luchamos desde la victoria. En tu tierra prometida no obtienes lo que se te promete; obtienes lo que pisoteas. Depende de ti tomar posesión.

De la Queja a la Circuncisión

Después de cruzar el río Jordán hacia la tierra prometida, Josué mandó a circuncidar a todos los hombres de Israel. Sin lugar a dudas que ese es un procedimiento doloroso. Ahora, compara eso con Israel cruzando el Mar Rojo. Unos días después de ese increible milagro de escapar cruzando el mar, las personas que fueron liberadas, se quejaron. Eso fue doloroso de escuchar para Dios. Los que fueron liberados de la esclavitud se quejaron, pero los soldados se circuncidaron.

El quejarse trae dolor a Dios; la circuncisión trae dolor a la carne. Dios les estaba enseñando a la nueva generación que antes de que puedan tener dominio sobre su enemigo, debían conquistar su propia carne, sometiéndola. Antes de que podamos someter a los cananeos, debemos someter nuestros deseos carnales a la voluntad de Dios. Hacer eso, amigo mío, es doloroso.

"No lucho como quien da golpes al aire. Más bien, golpeo mi cuerpo y lo domino, no sea que, después de haber predicado a otros, yo mismo quede descalificado" (1 Corintios

9.26-27). Pablo, quien caminó consistentemente en dominio y conocía su autoridad en Jesús, comparte su práctica de rutina secreta. La disciplina de la carne es necesaria para el dominio en el reino espiritual. Pablo dijo: *"... se han quitado el ropaje de la vieja naturaleza con sus vicios, y se han puesto el de la nueva naturaleza"* (Colosenses 3:9-10).

Eso es lo que Josué ordenó a sus hombres que hicieran. Antes de salir al campo de batalla contra el enemigo, tenían que vencer a un enemigo interior llamado carne. La circuncisión del prepucio les quitó *"de encima el oprobio de Egipto"* (Josué 5:9). La liberación saca a los demonios, pero la disciplina los mantiene fuera. La liberación es lo que Dios hace por ti; la disciplina es lo que Dios hace dentro de ti. La disciplina es absolutamente esencial para caminar en dominio. No puedes mirar cualquier cosa que se te presente, escuchar lo que escuchas, juntarte con cualquier tipo de gente y esperar caminar en victoria. Hay un "corte" que debe llevarse a cabo para aquellos que son llamados a conquistar. Algunas personas no pueden conquistar a su enemigo porque su carne no ha sido cortada y sometida. No pueden vivir para el Salvador porque no han muerto a sí mismos.

Para caminar en dominio, debemos dejar de quejarnos, porque quejarnos alimenta al diablo, en cambio la adoración honra a Dios.

De Recibir a Dar

Otro cambio que debe ocurrir en nosotros si vamos a contraatacar victoriosamente es en el área de dar. Israel es un buen ejemplo para nosotros. Lo que ellos pasaron físicamente, nosotros experimentamos espiritualmente. Al salir de Egipto, el pueblo de Israel recibió valiosos regalos, tesoros y riquezas de los egipcios. Eso fue asombroso. Pero cuando entraron a la tierra prometida, lo primero que Dios le pidió a Su pueblo fue que le entregaran toda la ciudad de Jericó y absolutamente todo lo que había en ella. Dios quiso que la primera conquista le perteneciera enteramente a Él.

La mentalidad de esclavo tiene miedo de dar; vive para obtener. Dios quiso romper ese paradigma mental de la pobreza enseñando a sus hijos a ejercitar el don de la generosidad. La pobreza opera a través del miedo; la provisión opera por fe.

Se necesita fe para darle a Dios toda la "ciudad de Jericó". Cuando peleas pero no te quedas con nada, nuestra mente carnal grita: "¡Eso no es justo!" La codicia en nosotros grita: "¡Es mío!" Las exigencias del mundo dicen: "Me lo merezco; he trabajado muy duro para conseguirlo". Una persona que es esclava de Mamón (el falso dios de la avaricia y las riquezas) se asusta al pensar en ser generoso de una forma extravagante. No puedes alcanzar el dominio si eres esclavo de tus posesiones y riquezas. ¿Eres libre o sigues siendo esclavo?

El principal indicador de que el dinero te controla es tu resistencia a obedecer a Dios con tu dinero. Parece como si Dios estaba tratando de romper la mentalidad de esclavitud de los israelitas. Les estaba quitando el pensamiento de "víctima". Sus mentes estaban siendo reformadas para pensar como personas prósperas. Se volvieron generosos antes de hacerse ricos. Eran victoriosos antes de ganar una batalla. Eso es fe.

La gente astuta dice, preocúpate primero de ti mismo; pero la sabiduría dice, ante todo pon a Dios en primer lugar. El mundo ahorra primero, pero el reino da primero. En el desierto, los ex esclavos usaron los tesoros que trajeron de Egipto para construir un becerro de oro para adorar, pero en la tierra prometida, entregaron una ciudad entera en adoración al Creador. No se trata de dinero; se trata de tu mentalidad. La avaricia es esclava de el miedo; la generosidad es la marca distintiva de los soldados espirituales. Una de las formas en la que se demuestra el dominio es en la forma en la que manejamos nuestras finanzas. No podemos caminar en dominio si somos esclavos del espíritu codicioso de Mamón. Punto.

Caminar en dominio es más que reprender al diablo. Consiste en darle tus ingresos al Señor como una manera de honrarlo. Cuando le das a Él tus ingresos, le estás dando de ti mismo, quién ganó esos ingresos.

De Monumentos a Memoriales

Cuando los hijos de Israel entraron a la tierra prometida, Dios les ordenó que tomaran doce piedras del río
Jordán y construyeran un monumento a la orilla del río.
"Les responderéis: Que las aguas del Jordán fueron dividi-
das delante del arca del pacto de Jehová; cuando ella pasó
el Jordán, las aguas del Jordán se dividieron; y estas piedras
servirán de monumento conmemorativo a los hijos de Israel
para siempre" (Josué 4:7 RVR1960).

Los que luchan y caminan en dominio deben aprender a
construir monumentos conmemorativos a los muchos milagros que Dios hizo en su vida, no monumentos a preguntas
sin respuesta. Cada vez que Dios hace algo espectacular en
tu vida, debes sacar "una piedra" de esa situación y hacer un
tributo en tu mente. Esa memoria se convierte en un punto
de referencia para tu fe cuando las cosas se ponen difíciles.
Todos atravesamos por el "Río Jordán" en la vida. A veces
pasamos por puntos muy bajos en nuestro camino de fe,
pero Dios nunca nos abandona en nuestra desesperación. Él
nos ayuda a atravesar esos momentos. Así que toma piedras
de aquellos momentos de tu vida como un recordatorio de
la fidelidad de Dios hacia ti.

Cuando los judíos salieron de Egipto y anduvieron
por el desierto, seguían recordando el pescado que comían
libremente en Egipto, así como los pepinos, los melones, los
puerros, las cebollas y los ajos (Números 11:5). Recordaban
únicamente las cosas buenas que habían disfrutado en la
tierra de Egipto. Añoraban el volver porque tenían nostalgia

de los recuerdos de la tierra de Egipto. Parecían haber olvidado todas las décadas de sufrimiento que habían experimentado allí. Se olvidaron por completo de las señales y prodigios que Dios había hecho para sacarlos de allí. Lo único que podían recordar eran puerros, pepinos, ajos y melones. Eran un caso concreto de amnesia de los milagros que Dios hizo y de la forma en que Él los liberó de su terrible vida en la esclavitud. En lugar de recordar lo más significativo, que Dios los liberó de la vida infernal de esclavitud, recordaron lo irrelevante.

Más adelante vemos que el pueblo de Israel acababa de cruzar el río Jordán, y estaban a punto de tomar posesión de la tierra prometida por medio de la batalla, en lugar de solo esperar. Pero antes de luchar, Dios les dio una pequeña tarea. Les ordenó construir un monumento conmemorativo del increíble milagro que habían presenciado en el río Jordán. Dios quería que su mentalidad fuese moldeada en base a Sus obras maravillosas. Cuando los israelitas se enfrentaron a los muros de Jericó y cuando el maná cesó, no los vemos rememorando los buenos tiempos pasados en el desierto de Egipto. Ellos eran fuertes en la fe porque estaban concentrados en las obras extraordinarias de Dios a lo largo de sus vidas.

Para luchar se requiere fe. La fe viene cuando recordamos la fidelidad de Dios. Dicho de otro modo, la fe viene al escuchar la Palabra de Dios (Romanos 10:17), pero también viene al recordar las obras de Dios (Josué 4:6-7). Una de las razones por las que la gente va de liberación en liberación, en lugar de liberación al dominio es porque no tienen fe. Viven dominados por sus sentimientos. Se encuentran siendo controlados por síntomas. Ellos colocan a Dios al mismo nivel de sus sentimientos. Para este tipo de personas, la Palabra de Dios y sus sentimientos están a la misma altura. La persona que quiere caminar en dominio debe vivir por fe, no por vista. Una vida anclada en la fe no es tan difícil. Consiste en alimentarse diariamente con la Palabra de Dios y recordar las obras de Dios.

Si no construimos un homenaje conmemorativo a las obras de Dios, el diablo invadirá nuestra mente, llenándola con todo lo que Dios no ha hecho. En lugar de construir monumentos a los milagros de Dios, a menudo construimos monumentos de dudas y preguntas inexplicables. Nos preguntamos cosas como, ¿por qué Dios no evitó que me ocurriera ese accidente? ¿Por qué Dios no curó a mi amigo o a mi ser querido? ¿Por qué se suicidó esa persona después de que oramos por ella? ¿Por qué no fue contestada aquella oración? ¿Por qué nací así? Estos son misterios que plagan nuestras mentes. Para algunas de esas preguntas, nunca obtendremos respuestas en este lado de la vida. Las preguntas son normales, pero construir monumentos a cosas que Dios no ha hecho o que esperábamos que Él hiciera, debilitará nuestra fe. Una vez que nuestra fe se debilita, se vuelve difícil ser vencedores. Caemos en la autocompasión y vivimos como víctimas.

En este mundo quebrantado, si quieres caminar en dominio, debes recordar intencionalmente lo que Dios ha hecho en tu vida. Recuerda Sus milagros, todas las oraciones contestadas, todos los sueños cumplidos, todas las cosas de las que te libró. Guarda en tu banco de memoria todos los regalos que Él te brinda cada día, los cuales subestimas. Y no olvides lo que hizo en la cruz por tu salvación eterna, y en el día de Pentecostés cuando envió Su Espíritu a morar en ti. Tienes que edificar un archivo de la fidelidad de Dios en u vida. Diseña tu propio homenaje conmemorativo; de lo contrario, tu mente por defecto pensará en todas las cosas que Dios no ha hecho.

Algunos de nosotros vivimos recordando constantemente lo que Dios no ha hecho. Otras personas viven recordando lo que aún no han hecho o lo que hicieron mal. Por ejemplo, cuando Jesús enseñó a sus discípulos a mantenerse alejados de la levadura de los líderes religiosos, se refería a las enseñanzas de todas las personas religiosas. *"Tengan cuidado —les advirtió Jesús—; eviten la levadura de los fariseos y de los saduceos. Ellos comentaban entre sí: «Lo dice porque no trajimos pan»"* (Mateo 16:6-7). A los discípulos, la palabra "levadura" los hizo pensar en lo que no hicieron. Se les olvidó llevar pan para el camino. En ese momento, Jesús les reprendió bondadosamente por su poca fe. Me parece interesante que a continuación Jesús les recordó el milagro extraordinario de la multiplicación de los panes y los peces. De hecho, Jesús les recordó las dos veces que Él había hecho un milagro para ayudarles a comprender algo. Aunque ellos olvidaron los panes, el Obrador de Milagros estaba con ellos en el barco. ¿Por qué no recordaron que

Él es capaz de hacerlo una y otra vez? Yo soy como esos discípulos. Cuando algo sale mal, me encuentro pensando en lo que hice mal en lugar de lo que Jesús hizo bien. Es fácil dejar que nuestra mente se desvíe en la dirección de nuestros errores pasados. Pero como discípulos de Jesús, debemos mirar hacia nuestro pasado para ver lo que Jesús ha hecho bien, y no enfocarnos en lo que nosotros hemos fallado. De lo contrario, operaremos con "poca fe".

En tus días más difíciles, recuerda lo que Dios ya ha hecho, trae a tu memoria la vez que te salvó y como te ha sanado. Cada vez que las cosas se me ponen difíciles, lo que me impide caer en el miedo es el recuerdo de los muchos hitos que he alcanzado en mi vida. Recuerdo haber emigrado a los Estados Unidos. Recuerdo que no disfruté de mi adolescencia porque estaba atado a la pornografía y a la inseguridad. Recuerdo lo ansioso que era con la gente. Recuerdo como obtuvimos un edificio para nuestra iglesia sin dinero ni documentos. Eso fue sobrenatural. Recuerdo lo difícil que fue ser pastor de jóvenes por diez años y guiar a un grupo de jóvenes que no crecía. Recuerdo las dificultades que tuve en los primeros años de mi matrimonio. No obstante, cuando recuerdo todo lo que Dios ha hecho a pesar de mis problemas, mi fe se fortalece y recuerdo todas las palabras proféticas que Dios me ha dado. Entonces me siento como un gigante espiritual capaz de enfrentarme a cualquier situación que se me presente. Aprende a hacer tributos basados en las buenas memorias que tienes en tu mente. No dejes que tu mente se concentre en pensamientos acerca de lo que está mal contigo, o de lo que te parece un desastre, y de como Dios no hizo esto y no hizo aquello. Si dejas que tu mente se enfoque en esas cosas, vivirás como un esclavo de tus circunstancias, en lugar de vivir tu llamado a ser un soldado victorioso.

Si nada de lo que Dios ha hecho se te viene a la mente, acuérdate de la cruz y de Pentecostés. Recuerda los testimonios de otras personas que has escuchado. En mi memoria, tengo una lista de testimonios de nuestra iglesia que recuerdo ocasionalmente, cuando las cosas se ponen difíciles en mi ministerio y en mi vida diaria. Por ejemplo, hubo un hombre que tuvo cuatro sobredosis y fue declarado muerto, pero hoy es el ujier principal de nuestra iglesia. ¡Alabado sea Dios! También hay una joven que estaba totalmente paralizada de el cuello para abajo debido a un accidente, pero ahora está libre y ha sido totalmente curada. Y la lista continúa. No permito que el enemigo use mis sentimientos, estado de ánimo o situaciones para construir un monumento al miedo, la incredulidad y la depresión. Rindamos homenajes a Dios, no monumentos.

No hay más Maná

A veces cuando estás caminando en dominio y victoria, Dios de repente detiene el maná. Esto asusta a la gente que tiene mentalidad de esclavos. El maná era la provisión de Dios en el desierto; era justo lo suficiente para sobrevivir. Era la bendición de Dios durante esa temporada en el desierto, pero no era Su promesa final. Dios prometió a su pueblo leche y miel. Maná era una provisión temporal; la leche y la miel eran la gran promesa de Dios. Es posible que nos acostumbremos tanto al maná común y corriente de la vida que nos olvidemos de lo que Dios realmente nos ha prometido. Cuando se nos quita el maná, tendemos a entrar en pánico, a asustarnos, a buscar lo que hicimos mal y quejarnos a Dios sobre por qué nos quitó algo que nos dio en un principio.

Yo no veo que los hijos de Israel hicieron eso en la tierra prometida. Ellos mantuvieron sus ojos en la promesa de Dios cuando cesaron las bendiciones temporales (que habían durado cuarenta años). Sabían que Dios no quitaría el maná sin traer algo mejor a sus vidas. Dios no quita algo bueno si no planea bendecirte con algo mejor. Ese conocimiento vino de la promesa que Dios hizo a sus antepasados Abraham, Isaac y Jacob.

Tenemos que entrenar nuestro espíritu para recordar las promesas de Dios y las palabras proféticas cuando lo bueno se acaba. Es como cuando Dios llevó a Elías a un arroyo que le proporcionó agua durante una sequía, pero luego el arroyo se secó. Sin embargo, Elías no se desesperó. Escuchó al Espíritu Santo que lo dirigió a la casa de una viuda. Cuando tu arroyo se seque, recuerda que el río de Dios siempre es caudaloso. Cuando tu maná se acabe, Dios te está preparando para disfrutar de la leche y la miel en la tierra prometida. Cuando alguien se va de tu círculo de amigos, Dios está preparando la llegada de alguien mejor. Puede ser que perdiste un trabajo o negocio aunque estabas caminando en victoria; eso significa que Dios te está preparando para Su leche y miel.

Jesús nos dijo en Juan 15 que se podan las ramas que dan fruto. La poda tiene el propósito de producir más fruto. Pero cuando estas siendo podado, no sientes que Dios te está preparando para dar más fruto. La poda puede sentirse como un castigo. Durante la poda, se eliminan todas las ramas pequeñas que crecen desde la base del árbol. La rama puede verse pequeña y sin hojas, pero el maestro sabe lo que esta haciendo. El podador no está castigando la rama, sino que la está preparando para una cosecha mayor. Así es como tienes que ver tus pruebas cuando experimentas la pérdida del maná, cuando tu arroyo se seca, o cuando seas podado. Viene una cosecha mayor. Algo mejor está en camino. ¡Ánimo! No te rindas, ni vuelvas a sentir lástima por ti mismo. En lugar de eso, lucha y sé poderoso en Jesús. Mi hermano tiene un arco, le encanta lanzar flechas. He aprendido de él que cuando un arquero tensa la flecha hacia atrás en la cuerda del arco, es solo para soltarla hacia delante con fuerza y poder. Cuando te encuentres en una situación difícil, recuerda que tú mismo eres la flecha y que Dios es el arquero; tu obstáculo es solo una preparación para un regreso.

Avanzar, No Retroceder

Que no haya más maná no significa que Dios te haya abandonado; significa que Dios te está preparando para lo que te ha prometido. Es parte del proceso de caminar en dominio, aprendiendo a ver las cosas negativas a través de los ojos de la fe. Dios estaba formando a Gedeón como un hombre de valor y cuando su ejército se redujo, Dios le dijo que avanzara, no que retrocediera. Para una persona común, eso sería una señal para volver a casa, no para avanzar. Pero Gedeón era un luchador, él fue hacia adelante, no hacia atrás. Gedeón era un hombre de fe, no una persona de miedo.

Recuerdo cuando las cosas eran realmente complejas en nuestro ministerio y nuestra moral estaba por los pisos. No podíamos hacer que la gente participara voluntariamente. Por una larga temporada, no vimos a personas ser salvas, ni ser bautizadas en agua. No había impulso, avivamiento, ni vida en el ministerio. Yo tenía poco más de veinte años y temía que mi ministerio, que apenas había comenzado, ya se hubiera terminado. La gente estaba abandonando nuestra iglesia en números grandes. La iglesia se estaba reduciendo y yo sentía que mi futuro también declinaba. Pero el Señor me habló, y lo recuerdo tan claramente como el día. Mientras conducía de Pasco a Richland, Él me dijo: "Adelante. No retrocedas". Me pregunté, ¿cómo puedo avanzar si mi ejército se está reduciendo? No tengo la estrategia adecuada. No tengo las herramientas adecuadas. Pero la respuesta de Dios fue: "Las cosas que te prometí cuando no tenías nada, no sucederán por tu fuerza o poder, sino por Mi Espíritu. Por lo tanto, sigue hacia adelante". Recordé la fidelidad de Dios en mi vida y Sus promesas, y tomé un día a la vez, seguí hacia adelante. Cada vez que recuerdo aquellos días, me alegro tanto de no haber retrocedido, sino de haber perseverado.

Plantado, No Enterrado

Cuando pienso en el momento extremadamente agonizante que Jesús enfrentó en la cruz, me fascina Su perspectiva sobre el sufrimiento. *"Ciertamente les aseguro que, si el grano de trigo no cae en tierra y muere, se queda solo. Pero, si muere, produce mucho fruto"* (Juan 12.24). La muerte de Jesús parecía un entierro pero Él dijo que era una siembra. Jesús fue la semilla que fue arrojada a la tierra. Su amigo lo traicionó. Sus discípulos lo abandonaron. Los líderes religiosos hablaron mal de Él. Los soldados romanos lo clavaron en la cruz. Luego murió y unos amigos lo enterraron. Pero Dios lo plantó y resucitó de entre los muertos. Y durante los últimos veinte siglos, Él ha producido una increíble cosecha de personas salvas.

Lo que se aplica a Jesús también se aplica a ti y a mí, ya que lo imitamos. Jesús no es únicamente nuestro Maestro, sino también nuestro ejemplo. Como Maestro, Cristo sufrió por mi pecado, pero como mi ejemplo, Él me mostró cómo sufrir.

La semilla del grano es extremadamente pequeña. Todo lo grande en la vida comienza con una pequeña semilla. Incluso la vida humana comienza con una semilla. No subestimes las cosas pequeñas. No te consideres inútil solo porque eres pequeño. El tamaño de la pequeña semilla no desanima al agricultor; él no ve la semilla como invaluable o insignificante. La cosecha está escondida en la semilla. El bosque está en la semilla. Hay grandeza en las cosas pequeñas.

¿Cómo se puede convertir una pequeña semilla en una gran cosecha? La semilla debe ser arrojada a la tierra. La semilla debe estar cubierta por tierra. La semilla estará en la oscuridad por un tiempo. La semilla será pisoteada bajo el pie del hombre. La semilla debe morir. Ese es el proceso por el cual debe pasar la semilla para convertirse en una gran cosecha. No hay atajos. A menudo queremos el resultado final sin el proceso, pero no puedes obtener la corona sin la cruz. No puedes tener rosas sin espinas y la resurrección sin la muerte. No es posible.

Para que pases de ser una pequeña semilla a una gran cosecha, te tiene que pasar lo mismo que le pasa a la semilla. Serás derribado. Estarás rodeado de suciedad y circunstancias desagradables. Estarás por un momento rodeado de oscuridad, sintiendo que a Dios no le importas y que Él te ha abandonado. Serás pisoteado por personas que hablan chismes y te apuñalan por la espalda, que te traicionan y te hacen daño. Parecerá que te estás muriendo y que te están enterrando. Pero alégrate, porque solo te están plantando.

Cuando sientas que te están enterrando, recuerda que te están plantando.

Mantén una perspectiva profética sobre tu situación actual.

Confía en el plan de Dios cuando sientas que es parte del plan de el diablo.

Confía en el agricultor, tu Padre celestial, no en tus sentimientos.

Una semilla no se asemeja a un cadáver; la semilla tiene vida. Tu tienes la vida de Jesús viviendo dentro de ti. No importa la suciedad, la oscuridad, o el rechazo de la gente que te rodea en este momento o si sientes que estás siendo enterrado, recuerda que solo estás siendo plantado. Dios no te abandonó; Él te plantó. Llegarás a ser un bosque. Ganarás. Serás propietario de tu posesión.

"Será como árbol plantado junto a corrientes de aguas, que da su fruto en su tiempo, y su hoja no cae; y todo lo que hace, prosperará" (Salmo 1:3 RVR1960).

Pensamientos para Compartir

Usa los hashtags #fightbackbook #pastorvlad

La muerte de Jesús en la cruz derrotó y desarmó al diablo.

El objetivo de Dios para la humanidad fue el dominio, no la liberación.

Dios tiene más fe en ti de la que tú jamás tendrás en Él.

Lo que sea que no se ha eliminado, tú estás empoderado para superarlo.

Dios quiere que te muevas

- de la libertad a la lucha
- de la liberación al dominio
- de la esclavitud a la batalla
- de ser esclavo a ser soldado

O estamos caminando en dominio sobre el diablo o viviendo bajo su dominio a través de el pecado.

En lugar de pasar de liberación en liberación, Dios quiere que pasemos de liberación al dominio.

La batalla es la prueba de que ya no somos esclavos.

Una vida en esclavitud es el resultado de estar lleno de demonios; una vida de dominio es el resultado de estar lleno del Espíritu Santo.

El pueblo de Israel no obtuvo lo que se les prometió; solo obtuvieron aquello por lo que lucharon.

Para caminar en dominio debemos:

- Confiar más en Dios que en el hombre.
- Trabajar con Dios en lugar de esperar en Dios.
- Reemplazar las quejas con la adoración.
- Romper la mentalidad de pobreza siendo generosos.
- Recordar lo que Dios ha hecho, en lugar de lo que no ha hecho.

No te conformes con el maná cuando Dios ha prometido leche y miel.

Dios no remueve algo bueno si no planea primero bendecirte con algo mejor.

La poda no es un castigo; es una preparación para una cosecha mayor.

Mi retroceso es una preparación para un regreso.

Si sientes que estás siendo enterrado, recuerda que solo estás siendo plantado.

Cómo ser salvo

"Cree en el Señor Jesucristo, y serás salvo"
(Hechos 16:31 RVR1960).

Antes de que puedas creer en Jesús como tu Salvador, necesitas conocer de qué necesitas ser salvado. Un paraguas te salva de mojarte. Un casco te salva de lastimarte. Jesús puede salvarte del castigo y del poder de tu pecado.

Cada uno de nosotros ha pecado contra Dios (Romanos 3:23). Incluso si tratamos de ser realmente buenos, aún así no alcanzamos el estándar perfecto de Dios. Pecamos contra Dios todos los días al no obedecer sus mandamientos bíblicos, como amar a Dios, honrar a nuestros padres y decir la verdad.

Dios es santo (perfecto y separado del pecado), y Él castigará a los pecadores que no creen separándolos a un lugar de muerte eterna y tormento llamado el infierno. *"Porque la paga del pecado es muerte, mientras que la dádiva de Dios es vida eterna en Cristo Jesús, nuestro Señor"* (Romanos 6:23). Debido al gran amor de Dios, Él envió a Su Hijo unigénito Jesús para salvar a los creyentes de este castigo y morir en la cruz en su lugar. Entonces Jesús resucitó de entre los muertos, demostrando Su victoria sobre el pecado y la muerte.

"Si confiesas con tu boca que Jesús es el Señor y crees en tu corazón que Dios lo levantó de entre los muertos, serás salvo. Porque con el corazón se cree para ser justificado, pero con la boca se confiesa para ser salvo" (Romanos 10:9-10).

Si deseas recibir a Jesucristo y Su salvación, ora esta oración:

"Vengo a Ti, Jesús, para darte mi corazón y mi vida. Confieso que a partir de este momento eres el Señor de mi vida, en lugar de mí mismo. Te pido que perdones mis pecados y que me hagas limpio. Te pido esto porque yo creo que Tú pagaste el precio por cada maldad y pecado que he cometido. Ahora recibo en mi corazón Tu justicia y declaro que soy salvo y que soy Tu hijo!"

¡Bienvenido a la familia de Dios y a tu nueva vida en Cristo! Por favor, házme saber si has entregado tu vida a Jesús enviándome un correo electrónico a info@vladimirsavchuk.com

Guía de estudio

INTRODUCCIÓN
La Liberación No Es La Meta

Participa: ¿Cuál es tu miedo más grande?

Preguntas de Discusión:

1. Lee el Salmo 149:6-9; ¿qué significan estos versículos para ti?

2. Según el Salmo 149:6-9, ¿cuál es el honor que tienen los creyentes? ¿A quién pertenece este honor?

3. Si Dios no remueve algo con lo que estás luchando después de que le pediste que lo removiera, ¿qué debes hacer?

Aplicación: Enfréntate a todo miedo que no sea natural y al terror nocturno en tu vida y ordénales que se vayan en el nombre de Jesús.

CAPÍTULO 1
Batallas Que No Comenzaron Contigo

Participa: ¿Qué carácter y rasgos físicos te heredaron tus padres?

Preguntas de Discusión:

1. ¿Qué lección aprendiste de Iveta en el incidente con su abuela muerta?

2. Lee Deuteronomio 28:1-14. (Cada miembro lee algunos versículos). ¿Cuáles son las causas de la bendición de Dios? ¿Cuáles son las señales de esas bendiciones?

3. Lee Deuteronomio 28:15-68. (Cada miembro lee algunos versículos). ¿Cuáles son las causas de las maldiciones? ¿Cuáles son las señales de las maldiciones?

4. Lee Gálatas 3:13. ¿Por qué murió Jesús en la cruz? ¿Qué se ha prometido a los cristianos de hoy a cambio de las maldiciones?

Aplicación: Si observas enfermedades crónicas, miedos, divorcio, pobreza, adicciones, muerte prematura o tendencias a los accidentes en tu familia, toma tiempo esta semana para orar en contra de ello y proclamar lo contrario.

CAPÍTULO 2
La Autoridad Supera el Acceso

Participa: ¿Alguna vez has tenido un compañero de cuarto o has alquilado una habitación de alguien que era dueño de la casa?

Preguntas de Discusión:

1. Lee Efesios 4:27-30. Según estos versículos y tu experiencia, ¿cuáles son algunas de las formas en las que podemos dar acceso al enemigo?

2. ¿Puede un cristiano estar poseído por un demonio? ¿Cuál es la diferencia entre ser poseído y estar oprimido?

3. ¿Cuáles son algunas de las enseñanzas tradicionales que has escuchado que causaron que no camines en autoridad?

4. Lee este versículo, Lucas 10:18. ¿Qué dice esto acerca de nuestra autoridad?

5. ¿Qué lección aprendiste de la historia del hombre poseído por demonios y acerca de cuánto poder tenemos sobre el enemigo?

6. Según la historia de Lázaro, ¿qué tan importante es caminar aunque estemos atados?

Aplicación: Todas las mañanas durante esta semana ponte la armadura de Dios en oración antes de comenzar tu día.

CAPÍTULO 3
Nuestras Armas

Participa: ¿Cuál fue la canción de graduación de tu clase?

Preguntas de Discusión:

1. ¿Qué lección aprendiste del testimonio de Paulius?

2. ¿Cuáles son las cuatro armas mencionadas en el capítulo tres?

3. Comparte cómo la oración y el ayuno te han ayudado a obtener la victoria.

4. Lean juntos Apocalipsis 12:11. ¿Cuáles son las tres maneras en que podemos vencer al enemigo?

5. ¿Cómo podemos aplicar prácticamente la sangre de Jesús sobre nuestra vida?

6. ¿Cómo podemos combatir los pensamientos intrusivos del diablo?

Aplicación: Tómate un día esta semana para ayunar y concentrarte en tu tiempo de oración. Durante el tiempo que dedicarías a la comida, aprovecha ese tiempo para ir a la Palabra y orar.

CAPÍTULO 4
La Realeza en Trapos

Participa: ¿Te gusta ir de compras? ¿Cuál es tu tienda favorita?
Preguntas de Discusión:

1. ¿Qué lección nos dejó la historia de Hiroo Onoda?

2. Lee Romanos 12:2. ¿Qué sucede antes de la transformación de la vida? ¿Qué precede a la renovación de la mente?

3. ¿Cuáles son las dos claves para renovar nuestra mente?

4. ¿Qué sucede cuando tenemos la armadura, pero no la usamos?

5. ¿Cómo podemos ponernos la armadura de Dios?

6. ¿Por qué es importante ir a la presencia de Dios "bien vestidos"?

Aplicación: Encuentra tres versículos que se puedan aplicar a un área de tu vida en la que sientas que necesitas más ayuda. Lee la escritura, escribe la escritura, y pronuncia la escritura sobre ti mismo y sobre tu vida. Hazlo una vez al día, todos los días de esta semana.

CAPÍTULO 5
La Guerra En El Desierto

Participa: ¿Cuál era tu materia favorita en la escuela?
Preguntas de Discusión:

1. ¿Cuál fue la diferencia entre la reina Vasti y la reina Ester?
2. ¿Por qué es tan importante ministrar al Señor?
3. ¿Cómo podemos recuperar nuestro primer amor?
4. ¿Qué debemos hacer si no sentimos hambre por Dios?
5. ¿Qué promesa tenemos para aquellos que buscan a Dios aunque no sientan ganas?
6. ¿Cómo respondió Jesús en el desierto de manera diferente a la nación de Israel?
7. ¿Qué debemos hacer cuando el maestro guarda silencio?

Aplicación: Pregúntate: ¿tengo hambre por Dios? Evalúate a ti mismo y sé honesto: si la respuesta es no, debes saber que el simple hecho de querer tener hambre por Dios es un paso en la dirección correcta. Dedica un tiempo a orar por otros. Pídele a Dios que despierte en ti un hambre por el Señor que no puedas ignorar.

CAPÍTULO 6
Busca a Dios Más Que a la Libertad

Participa: Cuando eras niño, ¿qué querías ser cuando fueras mayor?

Preguntas de Discusión:

1. ¿Por qué a veces nos volvemos complacientes después de ser liberados de la esclavitud?

2. Lee el Salmo 149:4. ¿De qué maneras podemos permitir que Dios disfrute de nuestra presencia?

3. Lee el Salmo 100:4. ¿Cómo podemos preparar un banquete para el rey? ¿Por qué no debemos buscar todo el tiempo "puertas abiertas" en nuestro pasado?

4. ¿Por qué no podemos permitir que los enemigos en nuestra mesa nos impidan comer en presencia del Rey?

Aplicación: Tómate un tiempo para arrepentirte y pedirle al Espíritu Santo que cambie tus motivos y el deseo de tu corazón hacia Él.

CAPÍTULO 7
Quítate la Máscara

Participa: ¿Cuál era tu escondite favorito cuando eras niño?

Preguntas de Discusión:

1. ¿Cuáles son algunos pasos que podemos tomar para caminar en libertad y discernimiento?

2. ¿Por qué crees que tantas personas se resisten a confesar el pecado?

3. Lee 1 Juan 1:9 y Santiago 5:16. Según estos dos versículos, ¿por qué debemos confesar nuestros pecados?

4. ¿Has confesado alguna vez un pecado a Dios o a un líder? Si es así, ¿cómo te sentiste después?

5. ¿Cuáles son algunos hábitos que podemos desarrollar para crecer espiritualmente?

Aplicación: Aparta una día y un tiempo esta semana para estar a solas con Dios.

Confiésale tu pecado.

Escribe una carta a Dios sobre tu día.

CAPÍTULO 8
Contraataca

Participa: ¿Cuál es tu botana favorita?

Preguntas de Discusión:

1. ¿Por qué necesitamos liberación para ejercer dominio?

2. Lee Números 14:24. ¿Cuáles son algunas batallas en tu vida que sientes que Dios te está pidiendo que pelees y venzas?

3. ¿Por qué es importante desarrollar tu relación con el Espíritu Santo para poder ejercer el dominio?

4. ¿Por qué la disciplina es tan esencial para caminar en dominio?

Aplicación: Pídele al Espíritu Santo que te revele las áreas de tu vida en las que necesitas ejercer dominio.

Sobre el Autor

Vladimir Savchuk es una voz espiritual emergente que Dios está utilizando para impactar profundamente a esta generación. Aprovechando la tecnología de los medios modernos para propagar la verdad intemporal de la fe, el Pastor Vlad ha escrito libros, organizado conferencias y creado plataformas de contenido que están tocando a cientos y miles de personas en todo el mundo.

El método creativo del Pastor Vlad al liderar la iglesia Hungry Generation ha sido utilizado por el Espíritu Santo para desarrollar un programa de pasantías ungido y una cultura de alabanza con un alcance mundial. Él es un orador de gran talento con un énfasis en temas espirituales raramente abordados como la guerra espiritual, la liberación y el Espíritu Santo. El Pastor Vlad declara verdades antiguas de una manera moderna.

Está casado con su hermosa esposa, Lana, con quien disfruta pasar tiempo y hacer ministerio juntos.

Escuela en Línea

"La cosecha es abundante, pero son pocos los obreros —les dijo a sus discípulos—. Pídanle, por tanto, al Señor de la cosecha que envíe obreros a su campo".

(Mateo 9:37-38)

En el 2020, empezamos una escuela en línea para impactar al mundo entrenando a los obreros para el campo de cosecha de Dios. Muchos creyentes alrededor del mundo no tienen el tiempo para ir a la escuela bíblica o no tienen los medios para pagar por un entrenamiento bíblico. Por lo tanto, hacemos que nuestra escuela en línea sea totalmente gratuita.

La escuela del Pastor Vlad consiste en cursos llenos del Espíritu, prácticos y bíblicos. Se tratan temas poderosos como la Liberación, el Espíritu Santo, la Oración, el Ministerio, la Identidad en Cristo, etc. Todas nuestras clases se ofrecen de forma gratuita gracias al generoso apoyo de nuestros colaboradores.

Inscríbete hoy (www.vladschool.com) para crecer en el Señor y ser capacitado en el ministerio.

APÉNDICE 5

Mantente conectado

Facebook.com/vladhungrygen

Twitter.com/vladhungrygen

Instagram.com/vladhungrygen

YouTube.com/vladimirsavchuk

www.vladimirsavchuk.com

www.vladschool.com

Si tienes un testimonio tras leer este libro, por favor envía un mensaje por correo electrónico a info@vladimirsavchuk.com

Si deseas publicar sobre este libro en tus redes sociales, usa la etiqueta @vladhungrygen y usa el hashtag #pastorvlad #fightbackbook.

Si buscas otros libros, sermones en audio o una guía de estudio para grupos pequeños, puedes encontrarlos en www.vladimirsavchuk.com.